愛子さま
女性天皇への道

Princess Aiko

高森明勅

Akinori Takamori

講談社ビーシー／講談社

プロローグ

国民の9割が「女性天皇」を認めているのに、政府はなぜ男系男子にこだわるのか？

皇室の危機は遠い将来のことではない

女性皇族は天皇になれない

日本は今、さまざまな課題をかかえています。しかし、その中でもとりわけ重い意味を持つひとつは、皇室が存続の危機に直面していることではないでしょうか。

日本国の象徴であり日本国民統合の象徴という憲法上、最も大切な意味を持つ「天皇」という地位を継承する皇族が、やがて誰もいなくなってしまうかもしれない、という問題です。これは誇張して言っているのではありません。目の前の皇室の実情を見れば、誰でも気づくはずです（8〜9ページ参照）。

天皇陛下より若い世代の皇族の中で、天皇として即位する資格を認められている皇族は、いったい何人いらっしゃるか。宮家《みやけ》として筆頭の位置にある秋篠宮家《あきしののみやけ》のご長男、悠仁親王《ひさひとしんのう》殿下たったおひとりだけです。

天皇陛下と同じ世代の秋篠宮、同妃《どうひ》両殿下より年齢がお若い皇族は、悠仁殿下以外にも合計で5人いらっしゃいます。しかし、それらの方々は皆さま、内親王《ないしんのう》か女王《じょおう》。つまり女性です。ところが、今の皇位継承のルールでは「女性天皇」は認められていません。ですから、女性の皇族方は皇位継承の資格をお持ちでないのです。それどころか、結婚されると、皇族の身分から離れられて、皇室から出ていかれるルールになっています。すると、どうなるか。厳しい現実が浮かび上がります。

目の前にある皇室の危機

今後、女性皇族が結婚されるというご慶事があるたびに、皇室から若い女性皇族が次々といなくなってしまう。もしもご独身として皇室に残られても、当然ながらお子さまは生まれません。その結果、今のルールのままだと、いずれ皇室には悠仁殿下おひと方しかおられなくなってしまいます。そういう未来がはっきりと見えてしまう。こんな状態だと、言いづらいことですが、悠仁殿下のご結婚のハードルはかなり高くなってしまうのではないでしょうか。

しかも先に触れたように、今のところ皇位継承資格は男性にしか認められていません。そうすると、悠仁殿下のご結婚相手は必ず男子を生まなければならない。もしもその方が男子を生まなければ、皇室そのものを途絶えさせてしまう――という、想像を絶するような重圧を避けることができません。そんなことが〝あらかじめ〟分かっていれば、どうなるか。ご結婚はさらに至難になりかねません。

失礼ながら、万が一、悠仁殿下が生涯、ご独身を通される事態になれば、現在のルールによる限り皇室は完全に行き詰まってしまいます。そんな局面に立ち至っても、女性皇族方がご結婚によってすでに皇室から出られた後では、もう間に合いません。いったん皇族の身分を離れられた以上、再びもとの立場に戻ることはできないからです。

皇室の危機は遠い将来の話ではありません。すぐ目の前に迫っている危機なのです。

9割の国民が女性天皇を認めている

この危機を乗り越えるためには、どうすればよいのか。皇位継承資格を「男系男子」だけに限定する今の皇位継承のルールを変更することが欠かせません。そのルールを変えるためには、法律である皇室典範を改正しなければなりません。

法律を改正する権限を持っているのは国会です。その国会で新しい法律を作ったり、これまでの法律を改正したりする場合に、しばしば主導的な役割を果たすのは政府です。ところが政府も国会も、女性天皇を可能にするための皇室典範の改正に、これまで本気で取り組もうとしないまま、長い歳月が流れてしまいました。

そもそも国会は、国民を代表する唯一の立法機関という位置づけです。政府は、その国民の代表機関である国会によって指名され、天皇から任命された内閣総理大臣が統率する行政機関です。どちらも、国民の意思を尊重すべき義務を負っているのは、もちろんです。

国民の多くは女性天皇を認めようとしています。そのことは、これまでのさまざまな世論調査の結果にもよく表れています。たとえば、令和６年（２０２４）の４月28日に共同通信社が公表した調査結果はどうだったか（郵送方式、有効回答数は１９６６件）。

《あなたは女性皇族も皇位を継ぐ「女性天皇」を認めることに賛成ですか、反対ですか》という質問への回答を見ると、「賛成」が52％、「どちらかといえば賛成」が38％。合計でぴったり90％という数字でした。これは異常に高い比率と言うほかありません。

これに対して、「どちらかといえば反対」が６％、「反対」が３％。合計でもわずか９％。つまりひとケタにとどまりました（無回答が１％）。

国民の総意に基づくべき

どのような世論調査でも、価値観の多様さを前提とする社会にあって、賛成でも反対でも

100%という結果はありえません。80%を超えたら驚異的な高さと言えるでしょう。

それを考えると、多少の温度差はあっても共同通信社調査の90%が賛成という数字は、ほとんど国民の総意の表れと表現しても、決して言いすぎではないでしょう(令和6年＝2024＝5月19日に毎日新聞が公表した結果でも81%が賛成)。

これは決して〝瞬間最大風速〟的な数字ではありません。これまでに行われた各種の世論調査でも、女性天皇を認めることはコンスタントに高い支持を集めてきています(104ページ参照)。

改めて言うまでもなく、天皇の地位は「国民の総意」に基づくべきことが、憲法の第1条に規定されています。そうであれば、圧倒的多数の国民の意思を尊重して、女性天皇を除外している今の皇位継承ルールは、是非とも見直す必要があるはずです。

国民の代表機関であるはずの国会と、その国会に基礎をおく政府が、男系男子限定の皇位継承ルールをそのまま放置していることは、少し強い言い方になりますが、国民の負託に対する「裏切り」ではありませんか。

しかも、そのことは先に述べたように、今後の皇位継承を困難にし、皇室の存続自体まで危うくします。にもかかわらず、政府と国会の内部に、皇位継承資格を「男系」＝天皇か皇族の父親から生まれた「男子」だけに限定するという、明治時代になって〝初めて〟定められた側室制度とセットでなければ維持できない窮屈で不自然なルールを、後生大事に守り抜こうとする人たちがいます。まことに残念です。

時代錯誤なルールを見直す

国民から敬愛されている天皇、皇后両陛下に、お健やかでご聡明、しかも優美にして親しみにあふれる敬宮《としのみや》（愛子内親王《あいこないしんのう》）殿下というお子さまがいらっしゃる。にもかかわらず、これまでの皇位継承のルールではただ「女性だから」というだけの理由で、天皇になる可能性があらかじめ除外されています。

率直に言って、時代錯誤としか思えないルールです。そのようなルールが、令和の日本にいつまでも必要なのでしょうか。

日本の未来を希望に満ちたものにするためには、古いルールを変更して、なるべく早く「女性天皇」を認めなければならない、と私は考えています。本書ではその理由について、できるだけ分かりやすく説明したいと思います。

●皇室の構成

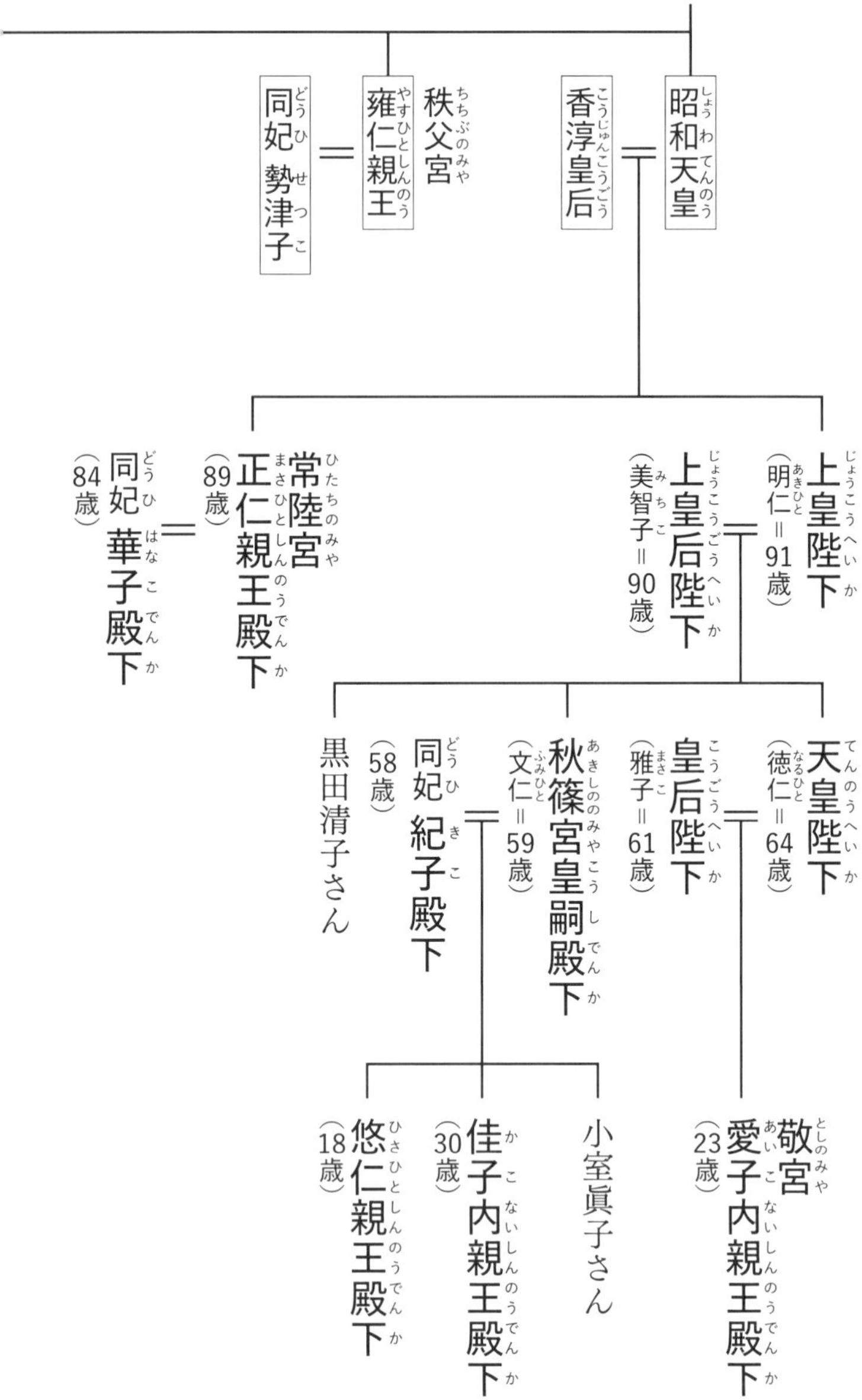
昭和天皇《しょうわてんのう》
香淳皇后《こうじゅんこうごう》
秩父宮《ちちぶのみや》
雍仁親王《やすひとしんのう》
同妃《どうひ》 勢津子《せつこ》
上皇陛下《じょうこうへいか》
（明仁《あきひと》＝91歳）
上皇后陛下《じょうこうごうへいか》
（美智子《みちこ》＝90歳）
常陸宮《ひたちのみや》
正仁親王殿下《まさひとしんのうでんか》
（89歳）
同妃《どうひ》 華子殿下《はなこでんか》
（84歳）
天皇陛下《てんのうへいか》
（徳仁《なるひと》＝64歳）
皇后陛下《こうごうへいか》
（雅子《まさこ》＝61歳）
秋篠宮皇嗣殿下《あきしののみやこうしでんか》
（文仁《ふみひと》＝59歳）
同妃《どうひ》 紀子殿下《きこでんか》
（58歳）
黒田清子さん
敬宮《としのみや》
愛子内親王殿下《あいこないしんのうでんか》
（23歳）
小室眞子さん
佳子内親王殿下《かこないしんのうでんか》
（30歳）
悠仁親王殿下《ひさひとしんのうでんか》
（18歳）

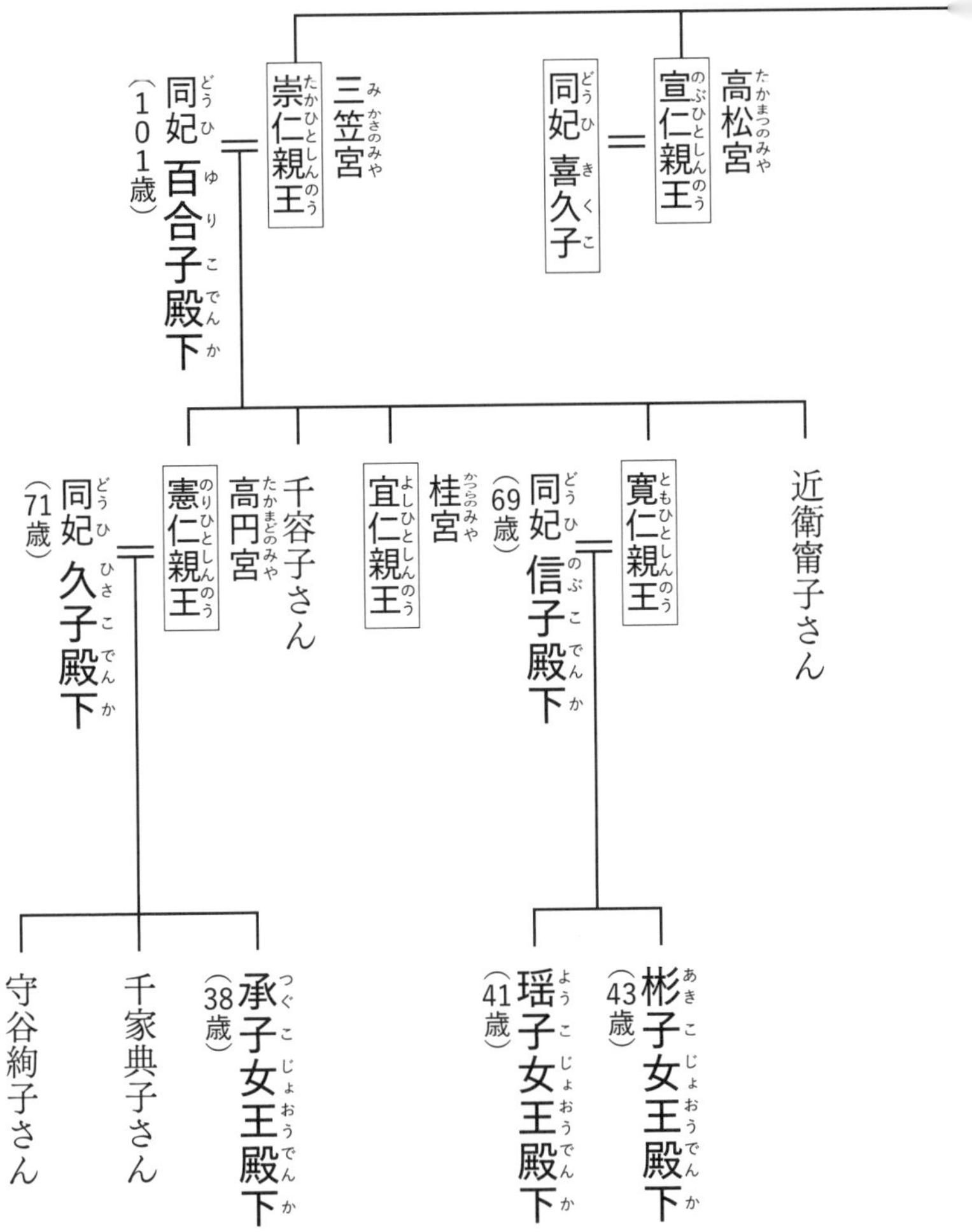

・□ 枠囲みは崩御《ほうぎょ》、薨去《こうきょ》された方です。
・ご年齢は令和 6 年（2024）12 月 31 日現在のものです。
・結婚により、皇族の身分を離れた方は細字で示しています。

愛子さま　女性天皇への道

目次

第2章 女性天皇を除外する不思議 欠陥をかかえる皇位継承ルールの是正へ

第4章 皇太子が不在の令和皇室 欠陥ルールの皇位継承順序を見直す

第5章　これからますます大切になる皇室　未来に向けた存在意義

第6章　皇室典範はこう変える　私の改正案

第1章

天皇にふさわしい品格

愛子さまに期待が集まる理由

天皇陛下の後継者に最もふさわしい皇族は？

ポイントはふたつ

天皇の地位を継承するルールについて、政治の取り組みが遅れ、迷走が続いています。しかし常識的に考えると、とりたてて難しいテーマではありません。いたってシンプルな話なのです。そのポイントはふたつだけ。

ポイントの「1」は、天皇陛下の後継者は今の天皇陛下と最も血縁が近く、そのお気持ちや考え方をきちんと受け継いでいる人が誰よりもふさわしい、ということ。当たり前ですね。

もうひとつ、ポイントの「2」は、こちらは意外と気づかれていないかもしれませんが、皇位継承のルールが歴史上かつてないほど狭く、窮屈になっている。それが原因で遠くない将来に、後継者を確保できなくなりそうな不安定な状態に陥っています。だから、欠陥をかかえるルールを見直して、安定的な皇位継承が可能になるルール作りが欠かせません。このふたつだけ。

そこでまず、本章ではポイント「1」について取り上げます。

血統とお気持ちをまっすぐ継ぐ

天皇陛下の後継者になりえる皇族のうち、最も血縁が近い人はどなたでしょうか——。改めて言うまでもなく、令和の皇室でただおひとりの「皇女《こうじょ》」（天皇の娘）、敬宮《としのみや》（愛子内親王《あいこないしんのう》）殿下という答えになります。

「愛子さま」という呼び方がすっかり定着しています。ご本人のお人柄や雰囲気とお名前が、ぴったりと一致しているからでしょう。それはもちろん結構だと思います。その一方で、直系の血筋を受け継いでおられるので、お若い皇族方の中でおひと方だけ、「愛子」というご本名とは別に「敬宮」というご称号もお持ちです。

堅苦しい印象を与えても困るのですが、こちらのご称号が置き去りにされがちなのもちょっぴり残念なので、本書では「敬宮殿下」という呼び方で統一させてください。

しかも、敬宮殿下は単に血縁が近いだけではありません。お生まれになって以来、天皇、皇后両陛下によって愛情深く育てられ、両陛下のお気持ち、お考えを、誰よりも深くおそばで学んでこられています。もうこれらの事実だけからでも、次の天皇に最もふさわしいのはどなたかということは、明らかなのではないでしょうか。本来、次の天皇になられることが誰よりもふさわしい方が実際におられるのに、「女性だから」という〝だけ〟の理由でその方が天皇になれないルールがあった場合、どうすればよいのでしょうか。仕方がないので、その方以外の〝男性〟の中から後継者を選び直すのか。それともルール自体を正しく直すのか。

答えは簡単ですね。とても正当と思えない理由によって、最適な方が後継者から除外されてしまうという欠陥をかかえたルールなら、そのルールを正すのが「正解」ではありませんか。

時として人々の傍らに立ち……

敬宮殿下が天皇、皇后両陛下のお気持ちをどれほどまっすぐに受け継いでおられるか。そのことがよく分かる出来事が令和6年（2024）の3月にありました。まず、それを紹介したいと思います。

でもその前に、天皇、皇后両陛下のなさりようから見てまいりましょう。両陛下におかれては、令和6年（2024）3月22日と4月12日と立て続けに、能登半島地震の被災地である石川県輪島《わじま》市、珠洲《すず》市と、穴水町《あなみずまち》、能登町《のとちょう》にお出ましになりました。大規模な自然災害が起きた時に、現地の事情が許すなるべく早い時点で、天皇、皇后両陛下が被災地を訪れられる。そして被害に苦しみ、悲しむ人たちと身近に接し、その声に耳を傾け、思いをじかに受け止めることで、人々に大きな癒やしと慰め、さらに励ましを与えてくださる。

それは両陛下にとって、身体的にも精神的にも、想像を超えるご負担に違いありません。それでも、「国民統合の象徴」である天皇として欠かせない務めであると、天皇陛下の父親でいらっしゃる上皇陛下は思い定められ、平成時代の間、たゆまずにその重荷を背負い続けてこられました。

上皇陛下が平成28年（2016）8月8日、ご自身のご退位へのお気持ちをにじませたビデオメッセージを発表された中で、以下のように言及されていました。

「事にあたっては、時として人々の傍《かたわ》らに立ち、その声に耳を傾け、思いに寄り添うことも大切なことと考えてきました」と。

被災者に寄り添い続けようとされることも、もちろんそのど真ん中に位置していました。

その平成の皇室でのなさりようを、今上《きんじょう》陛下はしっかりと受け継いでおられます。さらに今回は、短い期間に繰り返し被災地に入られ、できるだけ広く多くの人たちに触れようとされました。上皇陛下のお気持ちを受け継ぎ、行動としてはより進められたと言えるかもしれません。

能登半島地震の被災地でのサプライズ

天皇陛下らしさが発揮されたのは、二度目に石川県を訪れられた時の出来事でした。

穴水町を訪れられ、吉村光輝町長の案内で被災地を視察された時のことです。この時、深刻な被害の中でも、すでに営業を再開していた美容院がありました。その美容院から、美容師やお客の人など何人かが手を振って、両陛下をお迎えする嬉しい気持ちを精一杯、伝えようとしていました。その様子に天皇陛下が気づかれたのです。

陛下は「声をかけていいですか」と町長に伝えられ、両陛下おそろいで、その美容院にわざわざ立ち寄られました。まったく予定にないご行動でした。店内にいた人たちには、「お店はいつから再開されているのですか？」と尋ねられ、「お身体を大切にしてください」とねぎらわれたと言います。その場にいあわせた人たちは、テレビ局のカメラの前で、興奮を抑えきれないまま、驚きと感激を語っていました。

もしこのような場面に自分がいたら、誰だって驚くでしょう。最高のサプライズでした。

国民の中に入っていく愛子さま

天皇陛下の「国民の中に入っていく」皇室像

この事実を知って、私はただちに昭和時代、天皇陛下がまだ浩宮《ひろのみや》殿下と呼ばれていた頃の記者会見でのご発言を、思い出しました。昭和60年（1985）10月2日、英国留学から帰国されるのを前に、ロンドンの駐英日本大使公邸で行われた記者会見でのものです。当時、天皇陛下はまだ25歳というお若さでした。「皇室のあり方、皇孫《こうそん》（天皇のお孫）としての今後の役割」についての質問に答えられたものです。

「一番必要なことは、国民と共にある皇室、国民の中に入っていく皇室であると考えます。そのためには、できるだけ多くの日本国民と接する機会を作ることが必要だと思います」

お若い年齢にもかかわらず、明確な〝皇室像〟を描いておられたことに驚きます。やがて直系の皇嗣《こうし》＝「皇太子」になられることが確定した立場ゆえの、ご自覚の深さによるものでしょう。

ここで「国民と共にある皇室」を一歩、進めて「国民の中に入っていく皇室」と表現されている点に、目を向ける必要があります。国民に〝より深く〟寄り添おうとされる天皇陛下のお気持ちが率直に示されたご発言でした。天皇陛下は翌年の記者会見でも、再び「国民と共に歩む皇室、国民の中に入っていく皇室」という言い方をされています。「国民の中に入っていく皇室」というのは、天皇陛下が心がけておられる皇室像をストレートに伝えるキーワードのひとつでしょう。穴水町でのご行動は、まさにそれをそのまま実践されたものでした。

愛子さまの「皇女」の自覚

　このような皇室像を頭に入れたうえで、敬宮殿下のなさりように目を向けましょう。両陛下の穴水町でのサプライズに先立って、こんなことがありました。印象深く覚えている人がいらっしゃるかもしれません。敬宮殿下が学習院大学を卒業され、日本赤十字社の常勤の嘱託職員として新しい人生のスタートを切られるにあたり、令和6年（2024）3月下旬（26、27日）に皇室の祖先神・天照大神《あまてらすおおみかみ》を祀《まつ》る伊勢の神宮（三重県伊勢市）と、初代の天皇とされる神武《じんむ》天皇の御陵《ごりょう》（奈良県橿原《かしはら》市）に参拝された時のことです。初日に伊勢神宮にお参りされ、翌日に神武天皇陵に移動される前に、同じ三重県内にある「斎宮《さいくう》歴史博物館」と「いつきのみや歴史体験館」（どちらも明和町《めいわちょう》）に立ち寄られました。これらは皇女などが「斎王《さいおう》」として伊勢神宮にお仕えした歴史にちなむ施設です。ちなみに、秋篠宮家の内親王方が同じく人生の節目にあたって伊勢神宮と神武天皇陵を参拝された時には、これらの施設に立ち寄られていません。そのことを考えると、敬宮殿下がご自身の「皇女」という立場を自覚されたうえで、とくに希望されたとコースだったと想像できます。

　敬宮殿下が、皇女というご自身の立場を強く意識されていることは、大学の卒業論文のテーマに中世の歌人で皇女だった、式子内親王《しょくしないしんのう》を選ばれた事実からも分かります。式子内親王については、

《繊細な抒情と孤愁を秘めた哀調とがよく調和し、洗練された作品が多い》（『日本古典文学大辞典』簡約版、岩波書店）と評されています。皇女としてのご自覚には、両陛下のお考えやお気持ちを受け継ぐべき責任感も、ともなっていると拝察するのが自然ではないでしょうか。

斎宮歴史博物館でのハプニング

実際に、斎宮歴史博物館を訪れられた時の出来事が、そのことをよく示していました。この時、博物館の周辺には敬宮殿下をお迎えする多くの人たちが詰めかけていました。その中には幼い小学生たちもまじっていました。敬宮殿下はそのことに気づくと、案内の人にあらかじめ確認されたうえで、ご自分から小学生たちに近寄られました。そして優しく子どもたちにお声をかけられたのでした。これも予定外のご行動でした。子どもたちにとっては嬉しいハプニングでした。その微笑ましい光景を目撃した周りの大人たちも、殿下のお優しさに触れて、心がほんわかと温かくなったのではないでしょうか。

敬宮殿下はこのような場面で、誰かに指示されたわけでもないのに、ごく自然に天皇、皇后両陛下と同じような行動をとられました。これは、「国民の中に入っていく皇室」を目指しておられる両陛下のお気持ちに、平素から触れてこられたからに違いありません。このような事実をひとつだけ取り上げても、令和の皇室にあって、ほかのどなたよりも両陛下のお気持ちをまっすぐ受け継いでおられるのは、敬宮殿下だということがよく分かると思います。

未来がいつまでも不確定という残酷さ

不自然で無理なルール

ところが今の皇位継承ルールでは、敬宮殿下は皇位継承資格を認められていません。しかし一方で、早くから皇位継承ルールの欠陥は気づかれています。社会全体の流れとして、一夫一婦制のもとで、結婚年齢が高まり、少子化が進んでいます。皇室だけがその例外であり続けることは不可能でしょう。現に、そうした傾向は皇室にも見られています。

にもかかわらず皇室は古いルールのままです。正妻以外の女性＝側室から生まれたお子さまやその系統（非嫡出子、非嫡系子孫）にも皇位継承資格を認めることを前提として、明治22年（1889）の旧皇室典範で〝初めて〟採用されたのが、「男系の男子」だけに皇位継承資格を認めるという窮屈なルールです。

それが、側室制度がとっくに過去のものとなり、非嫡出子、非嫡系子孫には皇位継承資格を認めなくなった現在の皇室典範でも、うっかりそのまま維持されています。

過去の天皇の実例を振り返ると、約半数は側室のお子さまでした。正妻にあたる女性がついに男子に恵まれなかったケースは、当たり前ながら多くありました。

前近代では側室制度があって、しかも「女性天皇」の可能性も排除されていませんでした。のちにも紹介するつもりですが、10代、8人の女性天皇がいらっしゃったのです（そのうちのおふたりは退位後に再び即位）。

側室が不在なのに「男系男子」限定なんて、歴史上かつて例を見ない窮屈このうえない、不自然で無理な欠陥ルールです。それをそのまま放置するなんて、〝うっかり〟しすぎです。

引き裂かれている未来

ですから、いずれ是正され、必ず「女性天皇」を認める必要があります。そこが是正されれば、皇位の継承は「直系」優先が原則なので、次の天皇は〝直系の長子〟でいらっしゃる敬宮殿下ということになります。

しかし、それがいつまでも是正されず、これまでのルールが維持されてしまえば、敬宮殿下はご結婚とともに皇族の身分を離れられることになります。ご結婚相手は国民でしょうから、そのまま国民の仲間入りをされることになります。そうすると、その瞬間から国民としての生活がスタートします。

政治が本来の役割を果たして、欠陥をかかえた皇位継承ルールがきちんと是正されるか。それとも、政治の無為、怠慢のせいでそのまま放置されるか。それがどちらであるかによって、天皇に即位される可能性もあれば、一般国民として生活される可能性もある。

そのような、まったくかけ離れた〝ふたつの未来像〟に引き裂かれた状態のまま、敬宮殿下はこれまでの20年以上の歳月を生きてこられています。少し冷静に考えてみると、なんと残酷な仕打ちでしょうか。

皇室の方々は、憲法によって政治に関与することが禁止されています（第4条）。ところが皇位継承ルールを定めた皇室典範の改正は、「国会の議決」（第2条）によらなければなりません。政治上の案件ということです。だから、皇室の方々は皇位継承の当事者なのに、直接、口出しができないことになっているのです。

つまり敬宮殿下にとっては、自分の将来が真っ二つに分断されながら、ご自身の努力でその〝宙ぶらりん〟な状態を終わらせることができない、ということです。

ずいぶん理不尽な話ではありませんか。

将来どのような立場になっても

皇室典範の改正の責任を負う国会、さらにその改正を主導すべき政府はこれまで、いったい何をやってきたのでしょうか。のちにも紹介するように、皇室典範の改正をめぐる政治の動きがまったくなかったわけではないのですが、今のところ結果としては何もやっていないに等しい、情けない状況です。

天皇陛下は皇太子時代、平成17年（２００５）のお誕生日に際しての記者会見で敬宮殿下のご養育方針について問われ、以下のように答えておられました。

「愛子の養育方針ですが、愛子にはどのような立場に将来なるにせよ、一人の人間として立派に育ってほしいと願っています」

敬宮殿下がまだ3歳だった頃のお答えです。

今考えると、いささか意味深長な答え方をされていました。陛下はこの時点で、次の天皇として即位されることが確定している「皇太子」というご自身の立場の重さゆえに、言葉を慎重に選んでおられます。

しかし、もしこれまでの皇位継承ルールがそのまま変更されないとお考えならば、敬宮殿下が結婚されたら皇室から出ていかれることが決まっているのですから、「どのような立場に将来なるにせよ」という表現をされることはなかったはずです。

制度の改正によって、ご結婚後もそのまま皇室に残られる可能性や、改正の中身によっては天皇として即位される可能性もある。そのようにお考えだからこそ、幅を持たせた「どのような立場」という言い方になったのではないでしょうか。

「生んでくれてありがとう」愛の輝き

成年記者会見での輝き

驚くべきは、敬宮殿下がまさに「どのような立場」になられても、多くの人たちにおのずと敬愛の気持ちを抱かせる「一人の人間として立派に」成長された事実でしょう。人々がその事実に気づいたのはいつか。おそらく令和4年（2022）3月17日、敬宮殿下がご成年を迎えられたことにともなって、皇居・御所の大広間で初めての記者会見に臨まれた時ではないでしょうか。

殿下は春らしい若草色のスーツをお召しになって、終始、穏やかな笑顔を記者のほうに向けながら、ひとつひとつの質問に丁寧にお答えになりました。手元に用意されたメモに目を落とされる場面は、最後までありませんでした。

ご会見では誠実なお人柄がにじみ出ていました。優美で品格があり、しかもユーモアと親しみにあふれた、光り輝くような記者会見でした。この記者会見を拝見して、「なぜか自然と涙が流れてしまった」とか、「心が洗われたような気持ちになった」などの感想が多く寄せられました。

ご会見でのお姿から、皇室の方々の中でも直系の血筋につながる方だけがまとうことができる、独特の高貴なオーラを感じた人もいたのではないでしょうか。

敬宮殿下は、この日までの20年間、ずっと天皇、皇后両陛下から薫陶、感化を受けて育ってこられました。それによって、おのずと高い品格を身につけられた。その事実を誰もが納得できたご会見でした。

皇室が「最も大切にすべき精神」

敬宮殿下ご自身も、両陛下からの感化をはっきりと自覚しておられることは、この時のご会見でのご発言からもわかります。

「私は幼い頃から、天皇皇后両陛下や上皇上皇后《じょうこうごう》両陛下を始め、皇室の皆様が、国民に寄り添われる姿や、真摯に御公務に取り組まれるお姿を拝見しながら育ちました。そのような中で、上皇陛下が折に触れておっしゃっていて、天皇陛下にも受け継がれている、皇室は、国民の幸福を常に願い、国民と苦楽を共にしながら務めを果たす、ということが基本であり、最も大切にすべき精神であると、私は認識しております」

「両親と話をしておりますと、豊富な知識と経験に驚かされることが多々ございまして、また、両親の物事に対する考え方や、人との接し方などからは学ぶことが多くございます」

ご成年を迎えられたばかりなのに、すでに皇室が「最も大切にすべき精神」をつかんでおられることに驚きます。

さらに、両陛下から直接に「物事に対する考え方」「人との接し方」を学ばれているというのは、次の時代の皇室を担うべき方として、最も大切な内容ではないでしょうか。

敬宮殿下は両陛下からのお気持ちに前向きに応えようとされています。それを知ることができるのは、令和3年（2021）のお誕生日にご成年を迎えられた時に発表された「ご感想」の中に、次のような一節があった事実からです。

「日頃から思いやりと感謝の気持ちを忘れず、小さな喜びを大切にしながら自分を磨き、人の役に立つことができる大人に成長できますよう、一歩一歩進んでまいりたいと思います」

20歳のご決意

20歳の敬宮殿下のご決意が正直に表明されています。

ここに「自分を磨き」とあるのは、天皇陛下がお誕生日に際しての記者会見で繰り返し述べてこられた「自己研鑽《けんさん》」「研鑽」＝平成31年（2019）、令和2年（2020）、令和4年（2022）＝という言葉を、ご自身なりに咀嚼《そしゃく》されたうえで言い換えられたものでしょう。先の記者会見でも「研鑽」という言葉を、ご自分の文脈の中に織り込まれて、自然な形で使っておられました。

「皇室の皆様は……（中略）このような（皇室の一員としての）立場で研鑽を積むということの意義をお示しくださっているように思います」と。

また「思いやりと感謝の気持ち」という表現にも注目する必要があります。というのも両陛下のおことばの中に、これと共通する表現が、すでに用いられていたからです。たとえば、皇后陛下の令和元年（２０１９）のお誕生日の際の「ご感想」に次のようにありました。

「愛子は……（中略）これからも感謝と思いやりの気持ちを大切にしながら、いろいろな方から沢山のことを学び、心豊かに過ごしていってほしいと願っています」

皇后陛下は、さかのぼって平成29年（２０１７）から、この年まで続けて敬宮殿下に向けて「感謝と思いやりの気持ち」の大切さについて述べておられます。

また天皇陛下も、令和2年（２０２０）、令和3年（２０２１）の記者会見で繰り返し、敬宮殿下が「感謝と思いやりの気持ち」を大切にするように、言及しておられました。敬宮殿下の「ご感想」の中の「思いやりと感謝の気持ち」は、両陛下のお気持ちを真摯に受け止められた〝あかし〟でしょう。

さらに、敬宮殿下は大学ご卒業後、皇族としてのお務めに励みながら、日本赤十字社にも勤務される「公務と仕事の両立」（令和6年＝２０２４＝4月2日発表の文書回答）という献身的な選択をされました。これは、「人の役に立つことができますよう、一歩一歩進んでまいりたい」という、この時の決意を着実に実行されたものと言えるでしょう。

「長く一緒に過ごせますように」というメッセージ

記者会見の場では、関連質問へのお答えの中で次のようなご発言もありました。記者が敬宮殿下がお生まれになった時に、皇后陛下が「生まれきてくれてありがとう」とおっしゃったことに対して、20歳になられた敬宮殿下が両陛下に伝えたい言葉があれば聞かせてください、との質問へのお答えでした。

「母の『生まれてくれてありがとう』という言葉に掛けて、私も『生んでくれてありがとう』と伝えたいと思います。……（中略）そして、『これからもどうかお体を大切に。これからも長く一緒に時間を過ごせますように』という言葉も添えたいと思います」

敬宮殿下がご誕生になった時の両陛下のお喜びを改めて思い浮かべると、両陛下にとって何よりも嬉しい素晴らしいお答えでした。しかも最後に「これからも長く……」と付け加えておられたのは、軽く見逃せないメッセージを含んでいたように感じられます。

先にも触れたように、今の皇位継承ルールのままだと、敬宮殿下はご結婚とともに皇室から離れなければなりません。しかし、そのルールが変更されれば皇室にとどまることが可能になります。

もちろん、そのあたりはもっぱら政治の領域になります。だから皇族の立場ではストレートな言い方はできません。

しかし、そのようなルールの変更が政治の場で決まった場合、それを拒絶しないというお気持ちを、やわらかく示唆しておられる表現になっていました。

ファンタジーとして描かれた「女性天皇」としての素質

看護師「愛子」の慈しみと孤高

敬宮殿下の素晴らしい資質を感じさせるひとつに、中学生時代の作文があります。学習院女子中等科1年の時に「看護師の愛子」というファンタジー短編小説を書いておられます（学習院女子中等科・高等科『生徒作品集』平成26年度版。全文は52ページ参照）。

この作品は「私は看護師の愛子」という一文から始まります。主人公の「愛子」は海に浮かんだ診療所でたったひとり、ケガをしたカモメやペンギンなどに「精一杯の看護をし」、やがて「海の生き物たちの生きる活力となっていった」物語です。美しいメルヘンの趣がありました。

傷つき苦しむ者たちに懸命に献身しようとされる敬宮殿下の優しいお気持ちが、自然に発露しています。これも、のちの日本赤十字社への勤務につながる、心の傾きを予感させます。

しかし、それだけではありません。敬宮殿下が無意識のうちに紡いだ、国民への貢献のメタファー（隠喩《いんゆ》＝たとえ）のようにも、受け取れるのではないでしょうか。

この小説に描かれた「愛子」は、陸地から遠く流された海上の診療所にいて、たったひとりだけで「海の生き物たち」の〝看護〟にあたります。慈しみにあふれながら、一方では孤独の影を感じさせます。

女性天皇の可能性を排除した今の皇位継承ルールのもとでは、敬宮殿下が内部にかかえておられる国民への献身という気高い意思も、制度上ついに人々にはあまねく届かない。そのような残念な現実における構図と、不思議な対応を見せています。

「看護」というアナロジー

看護という営みについては以前、上皇后陛下（当時の皇后陛下）が次のように語っておられました（平成8年＝1996＝11月16日、日本看護協会創立50周年記念式典）。

「時としては、医療がそのすべての効力を失った後も患者と共にあり、患者の生きる日々の体験を、意味あらしめる助けをする程の、重い使命を持つ仕事が看護職であり、当事者の強い自覚が求められる一方、社会における看護者の位置付けにも、それにふさわしい配慮が払われることが、切に望まれます」

ドキッとするようなご指摘ですね。

残念ながら、「時として」医療行為も限界に達することがあります。どんな治療も投薬も手術も、もはや無効という、どん詰まりの場面です。しかし、そのような場面でも、看護はまだその先にまで手を届かせることができる。上皇后陛下はそのように語っておられました。「患者の生きる日々の体験を、意味あらしめる助けをする」と。

看護という仕事について、ここまで深く掘り下げた見解に触れたのは、初めてです。しかし、このご指摘は、皇室ご自身の役割ともアナロジー（類比）が成り立つのではないでしょうか。

医療に限界があるように、政治や法律にも限界があります。政治や法律などが、そもそも技術的に救いの手を届かせにくい領域。あるいは票にならないし、利権にもつながらず、スポットライトを浴びて名声を手に入れることもできないので、つい見落とされがちなテーマ。そのような、政治や法律による救済を期待しにくい領域にあって、苦しみ悲しむ人たち、ハンディキャップを背負い、困難な道を歩まざるをえない人たち。そのような人たちに対して、皇室は懸命に手を伸ばそうとしてこられました。

具体的には、第5章でその一端を取り上げたいと思います。

看護師「愛子」に女性天皇のイメージが重なる

言うまでもなく、皇室には政治上の権力はありません。予算措置を講じて、金銭的に援助する力は持っておられません。事態を改善させる新しい法律を作ることもできません。ですから過剰な期待は控えるべきです。

それでも、さまざまな苦しみをかかえる人たちを慰め、励まし、ひたすら寄り添い続けようと努めてくださる。そのような皇室の役割を、過大に見積もるべきでない一方、過小に見くびるのも首をかしげます。

それは医療に対する看護の位置づけに似ているのかもしれません。そのように考えると敬宮殿下が作文の中で、ご自身を孤高な「看護師」として描かれていたことは、もちろんご本人はその当時、明確な自覚をお持ちでなかったにしても、単に日本赤十字社へのご就職というレベルを超えて、何やら暗示めいている気がしませんか。

小説の締めくくりは次のようになっていました。

《愛子の名は海じゅうに知れ渡り、私は海の生き物たちの生きる活力となっていったのである。そう。愛子の診療所は、正に海の上の診療所となったのだ。今日も愛子はどんどんやって来る患者を精一杯看病し、沢山の勇気と希望を与えていることだろう》

このような描写に、日本の未来における「女性天皇」の再登場をイメージする人がいても、それほどとっぴではないかもしれません。

少なくとも十代の早い頃から、このような苦しみ悲しむ者たちへの献身的な情熱を内面にかかえておられた敬宮殿下は、まさに未来の天皇にふさわしい資質を感じさせます。

昭和天皇から受け継がれる平和への思い

愛子さまの平和についての作文への皇后陛下の感慨

敬宮殿下はほかにも、中学生時代に目をとめるべき作文を書いておられました。それは、中3の修学旅行で初めて広島を訪ねられた時のご感想を、まとめられたものです（『学習院女子中等科卒業記念文集』平成29年）。

この作文については、皇后陛下が令和6年（2024）の歌会始に寄せられた和歌で、次のように詠んでおられました。歌会始《うたかいはじめ》のお題は「和」でした。

広島を　はじめて訪《と》ひて　平和への
深き念《おも》ひを　吾子《あこ》は綴れり

この御歌《みうた》について、宮内庁は以下のような解説をつけています。

《愛子内親王殿下には、中学3年生5月の修学旅行の折に初めて広島を訪れられました。広島では、原爆ドームや広島平和記念資料館の展示などをご覧になって平和の大切さを肌で感じられ、その時のご経験と深められた平和への願いを中学校（学習院女子中等科）の卒業文集の作文にお書きになりました。
日頃から平和を願われ、平和を尊ぶ気持ちが次の世代に、そして将来にわたって受け継がれていくことを願っていらっしゃる天皇皇后両陛下には、このことを感慨深くお思いになりました。この御歌は、皇后陛下がそのお気持ちを込めてお詠みになったものです》
平和への願いは皇室の最も大切なテーマのひとつです。たとえば、上皇陛下は平成時代、天皇として最後に迎えられた天皇誕生日に際しての記者会見（平成30年＝2018＝12月20日）で、このように述べておられました。
「平成が戦争のない時代として終わろうとしていることに、心から安堵《あんど》しています」

戦争が続いた近代史

このおことばに触れた時、思わずハッとしました。

平和の大切さは誰しも分かっているとタカをくっていました。しかし、平成時代にも戦争に巻き込まれる可能性がまったくゼロだったわけではなかった。そんな切実な危機感をつい忘れてしまっていました。多くの国民も、おそらくそうだったはずです。

でも上皇陛下は違いました。

自分が日本国の象徴、日本国民統合の象徴として過ごした「平成」が、「戦争のない時代」として幕を閉じようとしていることに、「心から安堵」されたとおっしゃったのです。

改めて振り返ると近代以来、明治、大正、昭和と、どの時代の天皇も決して自ら進んで戦争を望まれたわけではないのに、例外なく戦争を経験していました。とくに昭和時代の戦争は甚大な被害があったうえに、敗戦から被占領という歴史上かつてない辛酸をなめる結果になりました。

ですから、多くの国民が平成時代に戦争がなくて当たり前という感覚で暮らしていた中でも、上皇陛下は切実に平和が失われないことを願い続けておられたのだと思います。それが、この時のおことばによく表れています。

悲惨な戦争を経験した昭和時代に、戦前・戦後をつらぬいて在位された昭和天皇が、ご生涯で最後に終戦記念日を迎えられたのは、昭和63年（1988）でした。

この時、昭和天皇のお身体はすでに深く癌《がん》に蝕《むしば》まれておられました。そのため、7月下旬から那《な》須御用邸《すごようてい》で静養をされていました。しかし、側近が止めるのも振り切って、8月13日にヘリコプターで東京にお戻りになり、ご不自由なお身体に鞭打って、日本武道館で開かれた全国戦没者追悼式にお出ましになりました。先の大戦の犠牲者とその遺族に対して、心から哀悼のまことを捧げられるためでした。

昭和天皇は病み衰えて、たいそうおやつれになり、手すりにすがりながら壇上に登られました。しかし足元がおぼつかないために、正午の黙祷《もくとう》の時間までに壇の中央に進むことができませんでした。

そのお姿には凄《すさ》まじい平和への執念が感じられました。

昭和天皇と上皇陛下の平和への祈り

昭和天皇は最後に迎えられた終戦記念日に次のような御製《ぎょせい》を詠まれています。

やすらけき　世を祈りしも　いまだならず
くやしくもあるか　きざしみゆれど

およそ、以下のような意味でしょうか。

「これまでひたすら平和な世界の実現を祈ってきた。だが、晩年を迎えた今になっても、成就しない。それが悔しい。わずかな兆しは見えているけれど」——。

天皇という重い立場にあって、しかも和歌というみやびな表現形式の中で、あえて「くやしくもあるか」という激しくストレートな表現を使っておられます。昭和天皇の平和への願いがそれほど強かったことを示しています。

その昭和天皇の強烈な平和への祈りを、ほかの誰よりもご存じなのが上皇陛下です。だからこそ、硫黄島《いおうとう》をはじめとする国内外の戦跡をめぐる「慰霊の旅」を、あらゆる困難を乗り越えて続けられました。その概要は以下の通りです。

○硫黄島、父島《ちちじま》、母島《ははじま》……平成6年（1994）2月12〜14日
○長崎、広島、沖縄、東京都慰霊堂……平成7年（1995）7、8月

○米国自治領・サイパン島……平成17年（２００５）６月27、28日
○パラオ共和国・ペリリュー島……平成27年（２０１５）４月８、９日
○フィリピン……平成28年（２０１６）１月26～30日
○ベトナム……平成29年（２０１７）２月28日～３月５日（５、６日にはタイにお立ち寄り）

これらの「旅」を踏まえ、ご退位にあたり、万感の思いを込めて先のおことばを口にされたのでしょう。

空が青いのは当たり前ではない

このように見てくると、次の時代の皇室を担う方にも、平和に向けた強いお気持ちが求められるはずです。だからこそ、敬宮殿下の作文について両陛下は「感慨深くお思いに」なられたのでしょう。そうした事実を理解したうえで、敬宮殿下の「世界の平和を願って」と題する作文から、その一部を紹介させていただきます。

《平和を願わない人はいない。だから、私たちは度々「平和」「平和」と口に出して言う。しかし、世界の平和の実現は容易ではない。今でも世界の各地で紛争に苦しむ人々が大勢いる。では、どうやって平和を実現したらよいのだろうか。

何気なく見た青い空。しかし、空が青いのは当たり前ではない。毎日不自由なく生活できること、争いごとなく安心して暮らせることも、当たり前だと思ってはいけない。なぜなら、戦時中の人々

は、それが当たり前にできなかったのだから。日常の生活の一つひとつ、他の人からの親切一つひとつに感謝し、他の人を思いやるところから「平和」は始まるのではないだろうか》（『学習院女子中等科卒業記念文集』平成29年）

中学生とは思えない洞察の深さに驚かされます。本気で平和を求めようとされているのはもちろん、それをわがこととして捉え、等身大の日常の中から平和につながる道筋を誠実に求めようとされています。だからこそ納得感のあるメッセージになっています。両陛下が深い「感慨」を抱かれたのも当然ではないでしょうか。

ご成年を迎えられた時の「ご感想」にあった「思いやりと感謝の気持ち」というキーワードの原点が、すでにここに平和へのスタートラインとして記されていました。そこにあった「小さな喜びを大切にしながら」という表現も、おそらく《空が青いのは当たり前ではない》という広島でのご経験から得られた実感につながっているのでしょう。

令和6年（2024）の終戦記念日には、天皇、皇后両陛下は例年通り、日本武道館で行われる政府主催の全国戦没者追悼式に、お出ましになりました。

一方で、日本赤十字社で勤務されている敬宮殿下は、わざわざ午前の半休を取られ、両陛下と同じ正午にあわせて、御所で例年通り黙祷を捧げられました。敬宮殿下は終戦記念日以外にも、6月23日の沖縄県慰霊の日、8月6日の広島原爆の日、同9日の長崎原爆の日には毎年、両陛下とご一緒に黙祷を続けておられます。

「敬宮愛子」というお名前に込められた天皇陛下の願い

4歳で周囲への心遣い

敬宮殿下が未来の天皇にふさわしい資質を持っておられることを示すエピソードとして、4歳の頃のご様子についても、紹介します。

天皇陛下の平成18年（2006）のお誕生日に際しての記者会見から（当時は皇太子）。

「昨年は、菜園で野菜を育てることを通して、植物の成長を見守ることや収穫の喜びを体験できたように思います。ともかく毎日、水やりに菜園に行っていることに感心しました。今はイチゴが採れるのを楽しみにしています。菜園で収穫したものは両陛下（上皇、上皇后両陛下）の所にお持ちしたり、あるいは友達にあげたりして、みんなと分けることも楽しんでいるようです」

「私たちや周囲への心遣いもかいま見ることがあります。雅子が昨年の12月の誕生日の夕方に風邪で寝込んだ時も、その前に自分が風邪をひいたときによくしてもらったので、という意味のことを言って雅子の寝室にバースデーケーキを持って見舞いに行ったり、『こどもの城』（国立総合児童センター、東京都渋谷区にあったが平成27年に閉館）で、年下のお子さんに『愛ちゃんができないときにだれだれちゃんがしてくれたから』と言いながら手を貸したりすることがあるようです」

「今年の元旦に御所に上がる折に、門の所で一般の方や記者の皆さんが立っているのを見て『みんな寒い所に立っているからわんちゃんの手を振ってあげるの』と言っていたようです」（※当時は愛犬の「ピッピ」と「まり」を飼っておられた）

ちなみに、皇后陛下（当時は皇太子妃）が「適応障害」と発表されたのは、この2年ほど前のことでした（平成16年＝2004＝7月）。その事実を念頭におくと、敬宮殿下が寝室にバースデーケーキを持って見舞いに行かれるような優しさは、お辛い日々を送られる皇后陛下にとって、大きな心の安らぎだったのではないでしょうか。

かけがえのない癒やし

敬宮殿下が4歳だった平成18年（2006）の歌会始のお題は「笑み」でした。天皇、皇后両陛下は次のような和歌を詠んでおられました。

天皇陛下
いとけなき　吾子の笑《え》まひに　いやされつ
子らの安けき　世をねがふなり

皇后陛下
輪の中の　ひとり笑へば　またひとり
幼なの笑ひ　ひろがりてゆく

当時の天皇、皇后両陛下は、大きな逆風のただ中にいらっしゃいました。天皇陛下は、ご結婚の時の「一生全力でお守りしますから」というお約束の通り、厳しい立場に追い詰められていた皇后陛下をお守りするために、懸命に困難に立ち向かっておられました。

ご懐妊に向けた治療の末に、やっと敬宮殿下がお生まれになった後も、ひたすら「男子」出産を求めてプレッシャーをかける宮内庁サイドの動きが続いていました。それに対して、天皇陛下はギリギリの反撃を試みられました。記者会見の場で「雅子の人格を否定するような動きがあったことも事実です」という衝撃的な発言をされたのです（平成16年＝２００４＝5月10日）。

このご発言によって、ようやく皇后陛下の治療環境が整うことになる一方、ご発言への反発もさまざまな形で広がっていました。そうした険しい日々の中で、敬宮殿下のご存在は両陛下にとって、かけがえのない〝癒やし〟だったことが、先に掲げさせていただいた和歌からも察することができます。天皇陛下の御製は「吾子」の笑顔に癒やされる、というミクロな私的場面から、一気に「子らの安けき　世をねがふなり」というマクロな公共的願いへと拡大しています。

わが国における究極の「公《おおやけ》」の体現者と言うべき〝天皇〟の立場にふさわしい作品でした。

天皇陛下の養育方針

では、政治の無策が原因で、いずれ是正されるべき皇位継承ルールに手がつけられないまま放置され、敬宮殿下の未来が引き裂かれている宙ぶらりんな状態の中で、天皇陛下はご養育にあたりどのような方針で臨まれたのでしょうか。

これについても、天皇陛下のご発言があります。まず敬宮殿下がお生まれになった直後のお誕生日に際しての記者会見で、「愛子」というお名前と「敬宮」というご称号について、以下のように述べておられました（平成14年＝2002＝2月20日）。

「子供の命名に当たっては、漢文学や国文学の専門の方々から、複数の候補を挙げていただきました。子供は自分の名前を選ぶことはできませんし、また、名前はその人が一生共にするものですので、私たち二人も、真剣にそれらの候補の中から選びました。選考に当たっては、皇室としての伝統を踏まえながら、字の意味や声に出した響きが良く、親しみやすい名前が良いというふうに考えました。……（中略）候補の中では、孟子の言葉が内容としても良いように思いました。また、敬と愛の二文字が入っているのも良いと思いました。いつの時代もそうですが、とかく人間関係が希薄になりがちな今の世の中にあって、人を敬い、また人を愛するということは、非常に大切なことではないかと思います。そしてこの子供にも、この孟子の言葉にあるように、人を敬い、人からも敬われ、人を愛し、人からも愛される、そのように育ってほしいという私たちの願いが、この名前には込められております」

「敬」と「愛」

皇室では直系のお子さまにはお名前のほかにご称号が定められます。敬宮殿下の場合、お名前が「愛子」、ご称号は「敬宮」でした。高貴な方のご本名を直接お呼びするのをはばかる気配りに由来します。傍系の宮家《みやけ》のお子さまの場合は、たとえば秋篠宮家の場合でもお子さま方は皆さま、ご称号をお持ちではありません。私自身は、敬宮殿下が唯一の直系の皇女でいらっしゃるという皇室での位置づけを重んじて、「敬宮」殿下とご称号でお呼びすることが多いです。

前にも少し触れたように、世間では「愛子さま」とご本名でお呼びするのを多く見かけます。それも敬愛の気持ちでお呼びしているのですから、もちろん、とくに目くじらを立てるようなことではありません。念のために『孟子《もうし》』の関連箇所を紹介しておきます（「離婁章句下《りろうしょうく》」）。

《仁者は人を愛し、礼ある者は人を敬す。人を愛する者は、人つねにこれを愛し、人を敬する者は人つねにこれを敬す》（仁徳《じんとく》ある者は人を愛し、礼儀ある者は人を敬するのであって、われ人を愛すれば人も常にわれを愛し、われ人を敬すれば人も常にわれを敬するはずである。穂積重遠《ほづみしげとお》訳）

天皇、皇后両陛下の敬宮殿下のご養育についての基本的な考え方は、このお名前とご称号それ自体に込められていたはずです。しかも敬宮殿下はその両陛下の「願い」に沿って、ご立派な成長をとげられているように見えます。

天皇陛下から愛情あふれる教育

世界中の愛情を感じとる

さらに天皇陛下が「どのような立場に将来なるにせよ」とお答えになった同じ記者会見（平成17年＝2005）で、一篇の詩を紹介されています。

「愛子の名前のとおり、人を愛し、そして人からも愛される人間に育ってほしいと思います。それには、私たちが愛情を込めて育ててあげることが大切です」

とおっしゃって、アメリカの家庭教育学者のドロシー・ロー・ノルト（ホルト）の詩を取り上げられたのでした。これも見逃せないので、ここに一部だけ引用させていただきます。

《批判ばかりされた　子どもは　非難することを　おぼえる……（中略）皮肉にさらされた　子どもは　鈍い良心の　もちぬしとなる　しかし、激励をうけた　子どもは　自信を　おぼえる　寛容にであった　子どもは　忍耐をおぼえる……（中略）友情を知る　子どもは　親切を　おぼえる……（中略）可愛がられ、抱きしめられた　子どもは　世界中の愛情を　感じとることを　おぼえる》

敬宮殿下はこれまでに数多くお辛い経験もしてこられました。何より、母宮の皇后陛下が皇太子妃だった平成時代には、事実無根の記事が週刊誌などに氾濫し、理不尽なバッシングにさらされていました。皇后陛下は今も全快されておらず、ご療養は続いていています。敬宮殿下にとってそれがどれほど悲しいご経験だったか、想像するにあまりあります。ご自身の不登校とか、痛々しいほどお痩せになられた時期も、ありました。

悲しみを輝きに変える

しかし「ご成年に当たってのご感想」(令和3年＝2021＝12月1日)では、そうした歳月を以下のように振り返っておられました。

「これまでの日々を振り返ってみますと、いろいろな出来事が思い起こされ、感慨深く思うとともに、多くの学びに恵まれた色濃い歳月であったことを実感いたします」

普通、20歳になったばかりの若い女性が、自分の半生を振り返って「色濃い歳月」などと表現することが、どれほどあるでしょうか。しかも殿下は「多くの学びに恵まれた」とまで言い切っておられます。多くの苦しみ悲しみを「学び」として受け止め、それらを成長の糧として、自らの輝きに変えてしまわれる強さを、敬宮殿下はお持ちなのでしょう。多くの国民に感銘を与えた、ご成年を迎えられた際の品格高く明るくユーモアに富んだ記者会見も、お辛かった日々を乗り越えられたうえでの、輝きでした。その〝輝き〟の源泉は何でしょうか。ご両親がそそがれたあふれるばかりの愛情でしょう。そのご両親から受け取った愛情の豊かさゆえに、悲しみさえも輝きに変えるお力を身につけられたに違いありません。

《可愛がられ　抱きしめられた　子どもは　世界中の愛情を　感じとることを　おぼえる》

敬宮殿下はまさにそのようにして、「敬」と「愛」の二文字に最もふさわしい皇族へと、成長されました。敬宮殿下がご成年を迎えられた翌年（令和4年＝2022）の歌会始で、三笠宮《みかさのみや》家の信《のぶ》子妃《こひ》殿下が次のような和歌を詠んでおられました。このときのお題は「窓」でした。

成人を　姫宮《ひめみや》むかへ通学に　かよふ車窓の　姿まぶしむ

ここに出てくる「姫宮」は、もちろん敬宮殿下です。

「ご成年を迎えられた敬宮殿下が、お車で颯爽《さっそう》と大学に通っておられるお姿を窓越しに拝見すると、眩《まぶ》しく輝いておられるように見える」――。

そのような意味でしょう。信子妃殿下は「ご幼少時より敬宮殿下に深い敬意と愛情を持って見守ってこられ」たといいます（宮内庁の和歌解説より）。結句の「姿まぶしむ」に、その敬愛のお気持ちが奥ゆかしく詠み込まれていました。天皇陛下の後継者は、その血縁とお人柄において、敬宮殿下以上にふさわしい方は、思い浮かばないのではないでしょうか。

ところが今の皇位継承ルールでは、ただ「女性だから」というだけの理由で、敬宮殿下は即位できません。それどころか、ご結婚とともに皇族の身分を離れなければならない、というルールです。次の章では、このルールの問題点を取り上げます。

●敬宮愛子内親王殿下「看護師の愛子」全文

出典：学習院女子中等科・高等科『生徒作品集』（平成26年度版）

○私は看護師の愛子。最近ようやくこの診療所にも患者さんが多く訪れるようになり、今日の診療も外が暗くなるまでかかった。先生も先に帰り、私は片付けと戸締まりを任されて、一人で奥の待合室と手前の受付とを行き来していた。午後八時頃だろうか。私は待合室のソファーでつい居眠りをしてしまった。翌朝眩しい太陽の光で目が覚め、私は飛び起きた。急いで片付けを済ませて家に帰ろうと扉をガラッと開けると、思わず落っこちそうになった。目の前には真っ青な海が果てしなく広がっていたのだ。診療所は、一晩でどのくらい流されたのだろうか？　いや、町が大きな海へと姿を変えてしまったのかもしれない。助けを呼ぼうとしたが、電話もつながらない。私は途方に暮れてしまった。あくる朝、私は誰かが扉をたたく音で目を覚ました。扉の外には片足を怪我した真っ白なカモメが一羽、今にも潮に流されてしまいそうになって浮かんでいた。私はカモメを一生懸命に手当てした。その甲斐あってか、カモメは翌日元気に、真っ青な大空へ真っ白な羽を一杯に広げて飛び立っていったのであった。それから怪我をした海の生き物たちが、次々と愛子の診療所へやって来るようになった。私は獣医の資格は持っていないながらも、やって来た動物たちに精一杯の看護をし、時には魚の骨がひっかかって苦しんでいるペンギンを助けてやったりもした。愛子の名は海じゅうに知れ渡り、私は海の生き物たちの生きる活力となっていったのである。そう。愛子の診療所は、正に海の上の診療所となったのだ。今日も愛子はどんどんやって来る患者を精一杯看病し、沢山の勇気と希望を与えていることだろう。

（敬宮　愛子）

第2章

女性天皇を除外する不思議

欠陥をかかえる皇位継承ルールの是正へ

「世襲」のルールの問題点

皇位継承ルールを検証する

今の皇室には、天皇陛下の後継者として最もふさわしい方が、実際におられます。第1章ではそのことについて述べました。令和の皇室で唯一の皇女《こうじょ》であられる敬宮《としのみや》殿下のことです。それがポイントの「1」でした。

しかし、敬宮殿下が「女性だから」というだけの理由で、天皇として即位できない〝時代錯誤〟な皇位継承のルールが、今もそのまま維持されています。このルールを放置していては、一夫一婦制のもとで少子化が進んでいる状況では、安定的な皇位継承が不可能になってしまいます。それがポイントの「2」です。この章では、こちらの問題を取り上げます。

世襲には男系、女系を含む

まず、皇位継承のルールは何によって決まるのか。最高法規である日本国憲法によって、その根本が定められています。憲法にはこのような条文があります（第2条）。

「皇位は、世襲のものであつて、国会の議決した皇室典範の定めるところにより、これを継承する」

ここにはふたつのことが定められています。

そのひとつは、天皇の地位＝「皇位」は「世襲」である、ということ。世襲というのは、天皇のご血統＝「皇統」によってだけ受け継がれる、ということです。この皇統というのは、男系も女系も、男子も女子も、すべて含まれる、というのが政府見解であり、学界の通説です（園部逸夫氏『皇室法概論』など）。だから、憲法〝それ自体〟は女性天皇を除外しているわけではありません。たとえば以下の通り。

《憲法第2条は、皇位が世襲であることのみを定め、それ以外の皇位継承に係ることについては、全て法律たる皇室典範の定めるところによるとしている。同条の「皇位は、世襲のものであつて」とは、天皇の血統につながる者のみが皇位を継承することを意味し、皇位継承者の男系、女系の別又は男性女性の別については、規定していないものと解される。したがって、皇位を世襲とする限り、憲法を改正しなくても、皇室典範を改正することにより、女系又は女性の皇族が皇位を継承することを可能とする制度に改めることができる》（内閣法制局執務資料『憲法関係答弁例集（2）』）

今の憲法を制定する際の政府の議会答弁も、次のようでした。

「その制限が除かれて居りますが故に、憲法の建前としては……（中略）男女の区別に付きましての問題は、法律問題として自由に考えて宜《よろ》しいという立場に置かれる」（昭和21年＝1946＝7月8日、衆院帝国憲法改正案委員会での金森徳次郎国務大臣の答弁）

この解釈は一貫して変わっていません。これは大切な事実です。

「附属法」で男系に限定している

明治時代の大日本帝国憲法の場合は、「皇男子孫《こうだんしそん》」が継承すると決めていました（第2条）。憲法そのものが〝男系の男子〟に限定していたのです。この違いを見逃してはなりません。

ところが現憲法の先の条文は、もうひとつ別のことも定めています。それは、皇位継承の具体的なルールは国会が議決権を持っている「皇室典範」という法律の中身に任せる、ということです。

その憲法の附属法である皇室典範に、次のような規定があります（第1条）。

「皇位は、皇統に属する男系の男子が、これを継承する」

これによって、「女性天皇」の可能性が排除されているのです。ここには、皇位継承資格について、3つの〝縛り〟をかけています。

その1は「皇統に属する」ということ。これは、憲法が「世襲」と定めている以上、当然の縛りです。

その2は、皇統の中でも「男系」に限るということです。男系というのは、父親→父親→父親→という男性のラインにしたがって受け継がれる血筋をさします。ここで注意が必要なのは、皇統＝

男系ではないという事実です。皇統自体には母親→母親→母親→という「女系」も含まれる。けれど、皇室典範という法律の現時点での規定は、ひとまず皇統の中の男系だけに皇位継承資格を認めるルールにしておく、ということです。

皇統という概念に女系が含まれないのではない。また憲法によってそれが排除されているのでもない。男系限定という縛りの根拠は、じつは一法律にすぎない皇室典範の条文しかない、ということです。男系限定というルールは、意外と〝軽い〟縛りであるということが分かるのではないでしょうか。

歴史上最も窮屈な皇位継承「5つの縛り」

それからその3は、男系の中でもさらに「男子」だけに限定するということです。たとえば敬宮殿下は天皇陛下＝父親の血筋で皇統とつながっておられます。だから、もちろん男系の皇族です。単なる男系皇族どころか、最も天皇陛下との血縁が近い、まさに皇統の直系のど真ん中を受け継いでおられます。

ところが、皇室典範には皇位継承資格を「男子」だけに絞っています。女性天皇を排除しているのです。そのために、敬宮殿下は即位への道を閉ざされてしまっているのです。

皇統→男系→「男子」という一番下位のルールが、敬宮殿下が未来の天皇になられる可能性を、閉ざしてしまっています。

では、皇室典範による皇位継承資格の縛りは、以上の3つだけかと言えば、そうではありません。そのほかに、その4として「皇族」であること（第2条）、さらにその5として、正妻から生まれた嫡出子であるとか、その系統の嫡系子孫であること（正妻以外の女性＝側室から生まれた非嫡出子・非嫡系子孫では〝ない〟こと、第6条）という縛りがあります。

まとめると、以下の通り5つの縛りです。

①皇統に属する　②男系　③男子　④皇族　⑤嫡出子・嫡系子孫

これはじつはこれまでの皇室の歴史の中でも、皇位継承資格を最も狭く窮屈に縛る前例のないルールになっています。この事実はあまり気づかれていないようです。それどころか、このルールを皇室の「伝統」であるかのように錯覚している人も見かけます。

でも、まったくそうではありません。これらの〝過剰な縛り〟こそ、皇位継承の行方を困難にしている元凶です。ですから皇位継承の安定化を願うならば、答えは簡単です。①〜⑤から、可能かつ妥当な範囲で縛りを解除するしかありません。どれを解除できるのか。

以下、ひとつひとつ検証してみましょう。

根拠がない「男系男子」限定

「皇統」という条件は外せない

①は今の憲法が規定する「世襲」に不可欠の条件です。帝国憲法に「万世一系《ばんせいいっけい》」（第1条）という言葉を使っていたのも、意味としてはほぼ重なります。皇位は「皇統」によって過去・現在・未来を一貫して揺るぎなく継承されるべきである、という規範を示しています。

皇統の〝起点〟をどこにおくかは、歴史学の学説上の対立がありえるでしょう（もちろん「皇統《こうとう》譜《ふ》」では神武《じんむ》天皇）。でもある時点以降（近年の学界の大勢によれば、たとえば欽明《きんめい》天皇以降）は、例外なく皇統による皇位継承が続いてきたことは、ほとんど疑う余地がないでしょう。今後も、この条件を除外するという選択肢はありえないと思います。

次に、少し飛んで④はどうでしょうか。しかしこれも過去の皇位継承において、皇族でない者が即位した実例はありません。よく話題に出てくる6世紀初め頃の第26代・継体《けいたい》天皇（欽明天皇の父親）はどうでしょうか。継体天皇は、皇統につながらない地方豪族が実力で即位した、と一部で疑われていました。

『古事記』『日本書紀』では応神《おうじん》天皇から5世の子孫とされています。その5世代の詳しい系譜は『上宮記《じょうぐうき》』逸文《いつぶん》に書かれています。それらによれば皇統につながっています。でも、その系譜の信《しん》憑性《ひょうせい》について学問上の論争があります。

しかしそれとは別に、国宝に指定されている和歌山県の隅田八幡《すだはちまん》神社に伝えられてきた「人物画《じんぶつが》像鏡《ぞうきょう》」（503年＝この年代は車崎正彦氏の研究などによる）の銘文《めいぶん》に、即位直前の継体天皇と思われる人物の名前（男〔乎・孚〕弟王）が出てきます。

それを見ると名前の下に「王」の称号がつけられています。これは、同時代の認識として皇統につながる人物と見られていたことを示しています。それを現代のわれわれが否定することはできないでしょう。よって、これも例外ではなかったという結論になります。

あるいは奈良時代に、女性天皇の称徳《しょうとく》天皇が弓削《ゆげ》氏の出身とされる僧の道鏡《どうきょう》を皇位につかせようとして、貴族の和気清麻呂《わけのきよまろ》に阻止されるという出来事もありました（道鏡事件＝769年）。

さらにもうひとつ大事なのは、国民の中には皇室の血筋と遠くつながる人たちが、意外と多く存在している事実です。たとえば皇族から臣籍降下《しんせきこうか》した源氏や平家などの血筋につながる子孫たちは、広い意味では皆さん「皇統に属する男系の男子」ということになります（先の道鏡も皇統につながるとの異説がありました）。

その人たちにまで皇位継承資格を認めると、皇室と国民の区別がほとんどなくなりかねません。憲法に定める「世襲」の意味も限りなく薄まってしまうでしょう。だから、皇位継承資格に〝現に皇族である〟＝〝皇統譜に登録されている〟という一線を引く必要があるのは、当たり前です。今後も④を外すという選択肢はありえないでしょう。

側室の復活はありえない

⑤はどうでしょうか。過去には正妻ではない女性＝側室のお子さまやその系統の子孫が即位された実例は多くあります。過去の天皇の約半数がそれに該当します（帝国学士院編『帝室制度史』第3巻、神社本庁教学研究所『皇室法に関する研究資料』など）。

これは傍系の宮家《みやけ》についても事情は同じです。つまり、側室制度が決定的な貢献をしてきたということです。長く男系限定で皇位継承が維持されてきたように見えるのは、正妻だけでなく側室のお子さまにも皇位継承資格が認められてきたからにほかなりません。明治時代の旧皇室典範でも同じルールでした。もし男系継承が伝統だと言いたいなら、それはあくまでも〝側室とセット〟で、という話です。しかし現代の皇室において、側室制度を復活するという選択肢はありえないでしょう。まず側室制度を取りやめたのは、当事者だった皇室ご自身の意思による事実を、見逃せないでしょう（高橋紘氏・所功氏『皇位継承』、森暢平氏『近代皇室の社会史』など）。皇室自らの強いご意志によって側室は除外されました。令和の皇室でも、もちろん事情はまったく同じでしょう。側室の復活を望んでいる方などはおられないはずです。

また、多くの国民がそれを歓迎するとは思えません。側室制度というアナクロニズムな仕組みが取り沙汰されるような皇室であれば、正妻として皇室に嫁ごうとする国民女性が、逆に現れなくなるのではないでしょうか。したがって、58ページの①④⑤の3要件はどれも解除できないはずです。

では残りの②③、「女性天皇」と「女系天皇」という選択肢はどうでしょうか。

男系に限定する理由はあるか？

皇位継承のラインから女性天皇、女系天皇を排除しなければならないのはなぜでしょうか。言い換えると、皇位継承資格を「男系の男子」に絞らなければならない理由・根拠は何でしょうか。この問いに対する説得力のある回答は、これまであまり見かけません。たとえば、以下の通り。

《なぜ皇位は男系で継承されなくてはいけないのか。私は（それが伝統だから）そもそも理由などどうでもよいと思っている》（竹田恒泰氏『伝統と革新』創刊号、平成22年）

《天皇がなぜ男系でなくてはならないか。それは近代以来のモダンな政治の言葉では、どだい説明できないものです。続いてきたという事実。そこに根拠があり、有無を言わさぬものがある》（谷口智彦氏『祖國と青年』令和5年8月号）

……などなど。まるで説明になっていません。残念な思考停止を感じます。すでに指摘した通り、もし伝統という言葉を使いたいのであれば、〝側室制度とセット〟で「伝統」であり、それによって初めてギリギリ持続可能だったという事実から、目をそらしてはなりません。

先の⑤という縛りを除外できない以上、もし皇室の存続を願うのであれば、②③を維持することは客観的に不可能です。側室不在で非嫡出子・非嫡系子孫を除外して、しかも男系男子限定というのは、歴史上、今の皇室典範が初めて（！）採用した、〝前代未聞〟のルールです。皇室の長い伝統でも何でもありません。しかも「少子化」という趨勢《すうせい》が事態を一層、困難にしています。

●過去の女性天皇

○第 33 代	推古《すいこ》天皇	554 年生、在位 592 ～ 628 年。 628 年崩、75 歳（※ 1）
○第 35 代	皇極《こうぎょく》天皇	594 年生、在位 642 ～ 645 年
○第 37 代	斉明《さいめい》天皇	皇極重祚《ちょうそ》（※ 2）。 在位 655 ～ 661 年。661 年崩、68 歳
○第 41 代	持統《じとう》天皇	645 年生。称制《しょうせい》（※ 3） 686 ～ 689 年。 在位 690 ～ 697 年。702 年崩、58 歳
○第 43 代	元明《げんめい》天皇	661 年生、在位 707 ～ 715 年。 721 年崩、61 歳
○第 44 代	元正《げんしょう》天皇	680 年生、在位 715 ～ 724 年。 748 年崩、69 歳
○第 46 代	孝謙《こうけん》天皇	718 年生、在位 749 ～ 758 年
○第 48 代	称徳《しょうとく》天皇	孝謙重祚。 在位 764 ～ 770 年。770 年崩、53 歳
○第 109 代	明正《めいしょう》天皇	1623 年生、在位 1629 ～ 1643 年。 1696 年崩、74 歳
○第 117 代	後桜町《ごさくらまち》天皇	1740 年生、在位 1762 ～ 1770 年。 1813 年崩、74 歳

※ 1　崩じた際の年齢は「数え年」による。
※ 2　重祚……いったん位を退いた天皇が、再び天皇の位につくこと。
※ 3　称制……先の天皇が崩じたのち、次の天皇となるべき皇族が即位しないで政務を執り行うこと。

女系でも血統はつながる、男系でも王朝が交替する

天皇の地位の根拠は男系なのか？

男系限定の根拠について、一風変わった説明も見かけます。『古事記』『日本書紀』に載っている「伝説」を持ち出して説明しようと苦心しています。よほど説明に困っているということでしょうか。こんな説明です（新田均氏『産経新聞』令和6年5月6日付）。

①「祖先神の祭り主の地位」は男系によって受け継がれる。

②なので「たとえ、天皇が祈っても男系で繋《つな》がっていなければ通じない」。

③だから「天皇の地位の最終的根拠は男系にある」。

ずいぶん思い切った断定ですね。以上の命題が果たして成り立つのでしょうか。

その根拠として挙げられているのが、第10代・崇神《すじん》天皇の時代に奈良県の大神《おおみわ》神社のご祭神《さいじん》・大《おお》物主神《ものぬしのかみ》の祟《たた》りがあった時に、その子孫の大田田根子《おおたたねこ》という人物を探し出して祭らせたところ、災いが終息したという物語です。大田田根子がどうやら男系の子孫らしいということから、これを根拠に持ち出したようです。もちろん、この話をそのまま史実と考えている歴史学者はいないでしょう。あくまでも伝説です。しかし、伝説だからまったく無視してよいのかと言えば、そう簡単に否定し去ることもできないと、私も思います。そこに何らかの「理念」なり「規範」なりを読み取ること

は、どうしてもある程度の曖昧さをともなうことは避けられないにしても、まったく不可能とも断定できないからです。少なくとも同氏は、そのような立場で説明を試みたのでしょう。

しかし残念なことに、この伝説は大神《おおみわ》（三輪《みわ》・大三輪《おおみわ》）氏、つまり奈良の豪族についての物語です。それをそのまま皇室にあてはめてよいのか、どうか。疑問の余地があります。

女系でつながる祭祀

皇室そのものについてなら、もっとふさわしい別の伝説があります。『日本書紀』に収められた神武天皇をめぐる物語の一場面です。こちらのほうが、豪族が伝えた話よりも、よほど説得力を持つはずです。神武天皇の物語の中に、「皇祖《こうそ》」高皇産霊尊《たかみむすひのみこと》を祭る場面が描かれています。しかし、高皇産霊尊と神武天皇は男系ではつながっていません。高皇産霊尊の娘・栲幡千千姫《たくはたちぢひめ》を途中に介してつながっているのです。その母親の血筋＝「女系」が間になければ、神武天皇は高皇産霊尊とつながらないし、この神に「皇祖」という位置づけも与えられないのです。

しかし女系を介したつながりであっても、神武天皇の祭祀《さいし》はしっかり成り立っています。〝初代天皇〟をめぐる物語の中で、そのことがわざわざ特筆大書されています。皇室の祭祀について論じるならば、同じ伝説を素材にするにしても、豪族の伝説よりも初代天皇をめぐる物語のほうを重視すべきなのは、改めて言うまでもないでしょう。

そもそも、皇室の祖先神・天照大神《あまてらすおおみかみ》はまぎれもなく女性神です。日本神話ではスサノオのミコトの〝姉〟とされ、女性の髪形・服装をしていた描写も出てきます。『日本書紀』に見えている「大日霎貴《おおひるめのむち》」という別名も、天照大神が女性であることを示しています。

あるいは『万葉集』には「天照日女之命《あまてらすひるめのみこと》」「指上日女之命《さしのぼるひるめのみこと》」という別の表記も出ています。天照大神が女性神であることに疑問の余地はありません。女性神を神話上のルーツとする皇室が、女系によるつながりを否定する考え方を持っていたとは、想像しにくいでしょう。

なので、残念ながら先の命題は成り立ちません。「天皇の地位の最終的根拠は男系にある」などとは言えないのです。

女系で王朝交替が起こるのか？

男系が途絶えて女系に替わると王朝交替が起きる、という意見もありますね。その時、皇室はもはや皇室ではなくなる、とか。深く検証もされないで、「女系はダメ」という漠然としたムードを生み出す役割を果たしているようです。しかし、具体的に考えてみましょう。

たとえば２０２２年、英国のエリザベス女王《じょおう》が亡くなられました。これによってチャールズ３世が即位されました。チャールズ国王はもちろん、母親だったエリザベス女王の血筋を根拠として即位されたのです。つまり女系による王位の継承です。では、英国に王朝交替が起こりましたか。それまでのウィンザー朝は滅んだのでしょうか。新国王の血統の正統性について、国民の間に疑念が巻き起こりましたか。そのようなことはまったく起こっていません。あるいは、皇室とのご縁が深いオランダの王家。今のウィレム・アレクサンダー国王の前は3代、女王が続きました。ウィルヘルミナ女王→ユリアナ女王→ベアトリクス女王という継承です。当然、その間に女系継承が繰り返されています。それでも王家であるオラニエ・ナッサウ家が断絶したり、ほかの王朝に交替するようなことは起こっていません。次の王位継承でも女王の即位が予定されています。そのことに何ら不安要素がないことは言うまでもありません。

世界を見渡すと、遠くない将来にヨーロッパ各国では次々と女王が登場されます。

スウェーデンでは次の国王は現在の国王の長女、ヴィクトリア王太子（1977年生まれ）に決まっています。お生まれの順番で言えば、ベルギーにはエリザベート王太子（2001年生まれ）がおられ、オランダにはカタリナ・アマリア王太子（2003年生まれ）、ノルウェーのイングリッド・アレクサンドラ王女（2004年生まれ）、スペインのレオノール王太子（2005年生まれ）という具合いです。これらの方々のうち、ベルギーのエリザベート王太子は敬宮殿下と同い年にあたります（平成13年＝2001年生まれ）。それらの国々で女性君主がまったく問題視されないのはもちろん、女系の血筋が混乱を引き起こすこともありえないでしょう。

男系でも遠ければ王朝は交替

興味深いのはフランス革命によって滅亡したフランスの王室です。よく知られているように王朝交替を繰り返しています。しかし、男系の血筋でつながっていても、血縁が遠い場合、別の王朝に替わっています。たとえば次の通り。

カロリング王朝の場合は途中、血のつながらない国王が即位しています。次のカペー王朝とその後のヴァロア王朝は男系の血筋でつながってます。でも、王朝交替とみなされています。ヴァロア王朝初代のフィリップ6世はカペー王朝の第10代・フィリップ3世（国王の代数としては6代さかのぼる）の孫でした。でも、ここで王朝が交替しています。

次のブルボン王朝の初代・アンリ4世は、カペー王朝の9代・ルイ9世の10世代離れた子孫でした。これも遠いが、男系では切れていない。しかし王朝は交替しています。たしかに10世というのは、ずいぶん遠い血縁です。でも、わが国で皇族との養子縁組によって新しく皇族の身分を認めようという、被占領下に皇籍離脱《こうせきりだつ》を余儀なくされたいわゆる「旧宮家《きゅうみやけ》」系の人たちと比べるとどうでしょうか。歴史上の天皇（北朝第3代・崇光《すこう》天皇）との血縁の遠さは20世以上なので、アンリ4世の倍以上も離れています。

今や世界の君主国においては、女性君主が即位したり女系継承が続いたりしても、王朝の交替など起きないし、逆に過去の実例を見ると、男系でつながっていても血縁が離れていれば、王朝交替と見なされるのです。

では、わが国の皇室〝だけ〟は事情が違うのでしょうか。日本の皇室だけは例外的に明治以来の「男系男子」という縛りに徹底的にこだわる必要があるのでしょうか。また男系でつながっていれば、血縁の遠さなど関係ないのでしょうか。これも具体的に点検してみましょう。

「男系男子」限定は明治の皇室典範から

女性天皇は日本らしさの表れ

まず歴史上、女性天皇がおられたことはよく知られているでしょう。10代、8人の女性天皇がおられました（63ページ参照）。この数は多いと考えるべきか、少ないと考えるべきか。これは他国と比較しなくては答えは出ないでしょう。他国と比較する場合、前近代のわが国と実際に頻繁な交渉があったのは、東アジアの国々です。具体的にはチャイナ大陸、朝鮮半島の国々ですね。それらの国々と比べた場合に、わが国に10代、8人の女性君主がいたことは多いと見るべきなのか、それとも少ないと見るべきなのか。

チャイナ大陸で君主の地位についた女性はたったひとりだけでした。

○則天大聖皇帝《そくてんだいせいこうてい》（則天武后《そくてんぶこう》。生年不詳。623～625年のいずれかか。在位690～705年。同年に崩《ほう》。81～83歳）

朝鮮半島ではどうか。新羅《しらぎ》に次の3人を確認できます。

○第27代・善徳王《ぜんとくおう》（生年不詳。在位632～647年。同年に薨《こう》）
○第28代・真徳王《しんとくおう》（生年不詳。在位647～654年。同年に薨）
○第51代・真聖王《しんせいおう》（生年不詳。在位887～897年。同年に薨）

これらに比べると、わが国の女性天皇の数は明らかに〝多い〟と言えるでしょう。

これは単なる偶然ではありません。チャイナ文明の「男尊女卑＝男系主義（父系制）」の影響を軸に考えると、分かりやすいでしょう。チャイナ自体には女性の君主は例外的に1代だけ。次いで、その強い影響を受けた朝鮮半島では3人。海を隔てて、影響が緩和される日本では、10代、8人という具合いです。この文脈で見ると「女性天皇」は、チャイナと異なってもともと女性が重んじられた、〝日本らしさ〟の表れと言えるでしょう。

長い女性天皇の存続期間

たとえばチャイナの場合、則天大聖皇帝が亡くなると、祭祀対象としては「皇后」に戻されました。

さらに後に即位した玄宗《げんそう》によって則天時代の政策が破棄され、施設も破壊されるなど、〝皇帝〟としての存在を否定するような動きがありました。そのうえ、後継者として自分の息子たち（中宗《ちゅうそう》、睿宗《えいそう》）が即位したにもかかわらず、チャイナは男系主義（父系制）の社会なので、父親の高宗《こうそう》（＝李氏《りし》）の血筋とされ、則天皇帝の武氏《ぶし》の「周《しゅう》」が途絶えて、李氏の「唐《とう》」王朝が復活しています。

あるいは、朝鮮の歴史書『三国史記《さんごくしき》』（1145年成立）にはチャイナ流の「男尊女卑」の観点から、新羅時代に女性君主がいた事実を批判する記事があります。

それらに対して、わが国で注目すべきは女性天皇の存続期間の長さです。最初の女性天皇とされる推古《すいこ》天皇が即位されたのが592年で、これまでで最後の女性天皇である後桜町《ごさくらまち》天皇が譲位されたのが1770年でした。この間は1200年ほどの歳月が流れています。明確に女性天皇が排除されたのは明治の皇室典範からです。明治典範が制定されたのは明治22年（1889）でした。こちらで見ると推古天皇から1300年ほどの歳月が経過していることになります。

もちろん、奈良時代の称徳天皇の後は、江戸時代の明正《めいしょう》天皇まで女性天皇が現れていません。およそ860年ほどの中断期をはさんでいます。しかし、その間に女性天皇がことさら禁止されたり、排除されたりしていたのではありません。そこを誤解をしてはなりません。

そもそもわが国の女性天皇は、法的に裏づけられた存在でした。それは大宝律令《たいほうりつりょう》や養老律令《ようろうりつりょう》の中にある「継嗣令《けいしりょう》」という編目に「女帝《じょてい》」について規定があったことです。この規定はチャイナ唐の「封爵令《ほうしゃくれい》」を手本にしています。でもそこには女帝の規定はありません。わが国の独自の規定として「女帝」が定められました。

女性天皇を除外したのは明治の皇室典範から

「女帝」規定の趣旨としては、女性天皇が男性皇族と結婚して生まれたお子さまは、皇族である父親の血筋＝男系ではなく、天皇である母親の血筋＝女系として位置づけて「親王《しんのう》（内親王《ないしんのう》）」の身分を認める、というものでした。女系でも親王なので、もちろん皇位継承資格は認められていました。男系なら1ランク下の「王（女王）」とされるべきところです。それをあえて女系で位置づけています。

これは男女の区別よりも、〝天皇か皇族か〟という違いに着目して、天皇のお子さまならばその天皇が男性でも女性でも区別なく、あくまで〝天皇のお子さま〟と位置づけることを意味します。わが国では、天皇という重い地位は、男女の性別や男系・女系の区別を乗り越えるほどの超越的な権威を持っていた、ということでしょう。

女帝という言葉に対して、「男帝《だんてい》」という言葉も古代の史料に普通に使われていました（『類聚三代格《るいじゅうさんだいきゃく》』『令集解《りょうのしゅうげ》』）。天皇＝男性という思い込みがなかった証拠です。

さて、その「女帝」の規定を含む養老律令は《形式的には明治初期まで国家体制を規定する法典であり続けた》（『日本史広辞典』）とされています。その養老令の官撰注釈書である『令義解《りょうのぎげ》』は、その注釈自体が法的効力を持ったとされています。ならば同書が施行された８３４年の頃に、女帝の規定が生き続けていたのはもちろんです。

また10世紀中頃に成立した儀式書『西宮記《さいきゅうき》』には「天皇即位」の装束について書いてある記事の中で、「童帝《どうたい》」とともに「女帝」についても取り上げていました。

さらに12世紀半ば、鳥羽《とば》上皇の院政期に近衛《このえ》天皇が早く崩御《ほうぎょ》された場面で、次の後白河《ごしらかわ》天皇には「即位の器量」の点で難があるという理由で、一時、近衛天皇の姉だった暲子《しょうし》内親王《ないしんのう》（八条院《はちじょういん》）の即位の可能性が浮かび上がっています（『愚管抄《ぐかんしょう》』『今鏡《いまかがみ》』『古事談《こじだん》』）。これは女性天皇の即位がなかった時代でも、とくに排除されたり否定されたりしていたのではないことを示しています。

明正天皇が即位される場面に目を向けても、それまで長年にわたって女性天皇が禁止されてきたのを改めて〝解除〟したような形跡は、まったく見かけられません。皇室の長い歴史の中にあって、女性天皇を明確に除外したのは明治の皇室典範以来のことだと言えるでしょう。

男系男子限定の根拠＝サリカ法典？

ここまでに見たような実情であれば、明治典範で新しく採用された男系男子限定ルールは皇室の伝統とは言えません。だから、とくにこだわる必要はありません。

明治典範に男系男子限定ルールを採用した根拠は何だったのでしょうか。当時、典範制定の中核メンバーだった伊藤博文《いとうひろぶみ》、柳原前光《やなぎわらさきみつ》、井上毅《いのうえこわし》らの討議を踏まえてまとめられた『皇室典範草案』という資料があります。その欄外に興味深い注記がありました。

皇位継承資格を「皇統」に限るルールの根拠としては、『日本書紀』の書名が挙げられていました。これは、『日本書紀』に見える古代の皇位継承の実例がルール採用の根拠だった、という事実を示しています。これは、まさに皇室の伝統にもとづくものでした。

一方、その『日本書紀』には何人もの女性天皇が登場します。だから、『日本書紀』を男子限定の根拠とするわけにはいきません。そのほかにも、男系男子限定を正当化できる国内の文献を見つけることができなかったようです。

そこで仕方がないので、注記には、プロイセン、ベルギー、スウェーデンの国名を略した漢字1文字（孛《ぼっ》・白《はく》・瑞《すい》）だけが書かれていました。

これらは「サリカ法典」（ゲルマン民族の一部族・フランク人が建てた王国の法典で、6世紀初め頃に成立した）の影響を受けて、当時は即位の資格を男系男子に限定するルールを採用していた国々でした。男系男子限定はわが国固有の伝統なんかではなかった。そのことは、こんな場面からも分かります。

それらの国々を介在させた形で、サリカ法典の影響がわが国にも及んだと言うべきでしょうか。それとも前例のない男系男子限定ルールを持ち込み、正当化するために、サリカ法典が間接的に利用されたと言うべきでしょうか。

どちらにしても、「男尊女卑」の風潮が根強かった当時ならばともかく、これから日本の未来を切り開いていく場合、これ以上しがみつく必要があるルールとは思えません。

男系限定の理由はすでに失われている

明治典範で男系男子に限定した「3つの理由」

明治典範が制定されるまでの複数の草案をながめても、男系男子限定ルールを採用していないプランがいくつもありました。具体的には、女性・女系をともに認めたものとして元老院「日本国憲按」（明治9年＝1876）、同「国憲草案」（明治13年＝1880）、宮内省「皇室制規」（明治19年＝1886）がありました。「男系男子」限定が絶対的な原理原則でなかったことが、こうした事実からも理解できます。明治典範に男系男子限定ルールを導入するうえで大きな役割を果たしたのは、伊藤博文のブレーンだった井上毅です。井上の『謹具意見《きんぐいけん》』（明治19年＝1886）に男系男子ルール採用の根拠が示されています。そのおもなものは以下の通り。

（1）過去の女性天皇はワンポイント・リリーフ＝「中継ぎ」にすぎない。だから前例とすべきではない。

（2）当時、国民女性に参政権が認められていない。にもかかわらず、統治権を総攬《そうらん》する立場の天皇に女性が即位するのは矛盾である。

（3）女性天皇が広い意味での「皇統に属する男系の男子」を含む国民男性と結婚してお子さまを生めば、そのお子さまは夫の〝姓〟を継ぎ、男系では国民の血筋なのでそれまでの皇統が途絶えてしまう。

これらの理由づけが現在でも通用するでしょうか。まず（1）については、過去の女性天皇を一律に「中継ぎ」などとおとしめる見方は、すでに学問的に否定されています（岩城卓二氏・上島亨氏など『論点・日本史学』ほか）。それどころか、男性天皇にも中継ぎの性格を持ったケースがいくつもあったことが分かっています。ですから、これはもはや成り立ちません。

（2）はどうでしょうか。もちろん今や女性の参政権は認められています（昭和20年＝1945＝〜）。一方、今の憲法のもとで天皇は政治にいっさい関与できません。なので、これも理由になりません。それどころか、女性天皇の除外が、女性の参政権を認めないことが当たり前だった男尊女卑の古い時代の遺物だということが分かります。では（3）はどうなのか。

昭和典範が踏襲した理由はひとつだけ

じつは根拠の（3）だけは、現在の皇室典範で「男系男子」限定ルールが踏襲された時に、法制局（内閣法制局の前身）が理由として持ち出していました。法制局編「皇室典範案に関する想定問答」（昭和21年＝1946）にこんな説明があります。

《女系が問題になるのは、その系統の始祖たる皇族女子に皇族にあらざる配偶者が入夫《にゅうふ》として存在しその間に子孫がある場合であつて、此《こ》の場合、女系の子孫は、乃《すなわ》ち皇族にあらざる配偶者の子孫で臣下《しんか》であるといふことが強く感ぜられ、皇統が皇族にあらざる配偶者の家系に移つたと観念され

ることも免れない》

すなわち血統は男系だけによって受け継がれるという「観念」が根拠とされている。この観念を表示する呼び名として長年にわたって通用してきたのが、チャイナ男系主義（父系制）に由来を持つ「姓」という制度でした（現代の名字を示す姓とは異なるものです）。大まかに言えば、平清盛《たいらのきよもり》の「平」とか、源頼朝《みなもとのよりとも》の「源」などがそうですね。ただし日本の場合は天皇に願い出て、同じ男系の血筋でも別の姓に変えてもらったような事例も、珍しくありませんでした。本家のチャイナほど厳格に男系継承が機能していたのではありません。

さらに男系だけでなく、女系も血統として意味を持ちえる、男系一辺倒のチャイナとは異なる、双系（双方）的な血統観もありました。たとえば歴史上、「物部弓削守屋《もののべのゆげのもりや》」という父方の〝物部〟と母方の〝弓削〟の双方の姓を名乗っていた例もありました。

ですが一応、男系継承の血筋を示す本来の「姓」の制度を前提とすれば、法制局の説明もそれなりに説得力があります。しかし、わが国の姓の制度は明治4年（1871）に廃止されています（同年10月12日の太政官布告《だじょうかんふこく》）。だから、明治典範の制定当時、姓はすでに過去の制度でした。

すでに消えた〝観念のシッポ〟

それでも「姓」は、日常生活に密着した長年の慣習だったために、その後も社会意識としてしばらく残りました。明治の軍人、乃木希典《のぎまれすけ》が「源希典《みなもとのまれすけ》」と署名したり、昭和戦前の政治家、近衛文《このえふみ》麿《まろ》が「藤原文麿《ふじわらのふみまろ》」と署名したりした書を、目にしたことがある人もいるかもしれません。それらの署名から分かるのは、明治時代から戦前までは、姓の観念が社会意識の中にまだ残っていた、ということです。その意味では、終戦直後に制定された今の皇室典範も、姓の観念のシッポを引きずっていたと言えるでしょう。さらに、今の憲法によって明治民法の〝家制度〟はなくなりましたが、それが別の血筋による養子縁組という擬制《ぎせい》的な要素も含みながら、「男系による世襲」を基本としていたことも、イメージとしては影響を与えていたのではないでしょうか。

では現在はどうでしょうか。さすがに、「姓」の観念や〝旧家制度〟のイメージの影響も、ほぼ姿を消してしまったと言えるのではないでしょうか。したがって、男系限定を理由づける客観的な根拠は、じつはもはやどこにもありません。

先に述べたように、皇統の概念自体には男系・女系がともに含まれています。ですから、そのような幻想がすでに消え去った以上、「女系の子孫は、乃ち皇族にあらざる配偶者の子孫で臣下である」とか「皇統が皇族にあらざる配偶者の家系に移つたと観念される」などの心配は、今となっては無用です。そうであれば、男系男子限定ルールをこれ以上、維持し続ける理由はどこにもありません。それどころか、そのような無理なルールをこれから先も維持していては、皇位の継承が行き詰まり、皇室の存続そのものが危うくなってしまいます。ですから、結論ははっきりしています。

安定的な皇位継承と皇室の末永い存続を願うならば、女性天皇、女系天皇という選択肢を認める方向に舵《かじ》を切るしか、残された道はないということです。

皇位継承の安定化のためには構造的な欠陥を解消するしかない

皇統が100年未満で途絶える可能性が87・2%

今の皇室典範では、側室が不在で一夫一婦制、しかも少子化なのに皇位継承資格は男系男子に限定したまま、という〝ミスマッチ〟なルールを採用しています。明治典範で男系男子限定という先例のない窮屈なルールを採用しても、側室制度によってカバーする方策が一方で用意されていました。現に明治天皇の後継者だった大正天皇も、側室（柳原愛子《やなぎわらなるこ》）のお子さまでした。

今の皇室典範ではとっくにそのカバー機能が失われています。それなのに相変わらず男系男子という狭い限定を、うっかり続けています。これは〝構造的な欠陥〟と言うほかありません。

京都大学准教授の川端祐一郎氏が皇位継承資格を「男系男子」に限定したままでの持続可能性をシミュレーションしています（『表現者クライテリオン』令和4年3月号）。それによると、結婚する確率を90%、結婚年齢の平均を約30歳、第1子を設ける年齢の平均を約32歳、平均寿命を81歳として、初期の男系男子の数を1名、平均の子ども数を1・5人とした場合（シミュレーションの回数は仮定ごとに1万回）、最後の男系男子が亡くなる年の最頻値となるのは2086年。2022年を起点として、最後の男系男子の「生年」から見た皇統の持続年数が、100年未満の可能性が87・2%という、ショッキングな結果が示されています。

皇位継承の行方を危ういものにしているのは、皇室典範がかかえるこの構造的な欠陥が最大の原因です。だから解決方法は簡単です。その欠陥を除去すればよい。これで問題は解決します。逆にそこに手をつけなければ、いつまでも解決できません。

近年、岸田文雄内閣でやっと皇位継承問題への政治の取り組みが本格化しそうでした。しかし、「安定的な皇位継承」という本来のテーマは先送りされています。それとは別に「皇族数の確保」こそが優先的な課題であるなどと論点をすり替えて、目先だけをごまかすことにすらならない弥縫《びほう》策が持ち出されています。

有識者会議報告書は「白紙回答」

それがなぜダメか。〝正解〟と比べて見れば一目瞭然でしょう。

側室不在の一夫一婦制のもとでは持続可能性が期待できないので、明治典範以来の男系男子限定ルールを見直し、女性天皇、女系天皇を可能にする皇室典範の改正に踏み切る。それが正解。

これに対して、皇族数の確保策と称する方策の中身はどのようなものか。そのごまかしの実態に目を向けてみましょう。上皇陛下のご退位を可能にした皇室典範特例法が満場一致で国会で議決された時に、あわせて附帯決議もなされました。その決議は特例法施行後に政府が速やかに「安定的な皇位継承を確保するための諸課題、女性宮家の創設等」について、検討を行って国会に報告することを求めた内容でした（平成29年＝２０１７＝6月）。

その決議に基づいて政府が検討を始めるために有識者会議を立ち上げたのは令和3年（2021）3月でした（座長は清家篤・慶應義塾学事顧問）。この間に平成から令和への御代替わりがあったとはいえ、ずいぶんスローモーな動きでした。いたずらに〝先延ばしされていた〟というのが実態です。

しかも、同年12月に有識者会議から政府に提出された報告書は、いささか呆れた中身になっていました。何しろ、先の附帯決議が求めた内容が、まったく盛り込まれていなかった（！）のです。「安定的な皇位継承を確保するための諸課題」「女性宮家の創設」のどちらに対しても、〝白紙回答〟でした。

これは民主主義の根幹にかかわる重大問題でした。なぜなら、国会は憲法に根拠を持つ、唯一の国民の代表機関です。その国会が全会一致で求めた要請に対して、単なる首相決裁にしか法的根拠を持たず、内閣の私的諮問機関にすぎない有識者会議が、独断で拒絶したに等しいからです。

問題をすり替えて目先だけの皇族数の確保策

その報告書では、課題を「皇族数の確保」に勝手に変更したうえで、とても使いものにならないプランが提案されていました。しかし政府は翌年1月、その報告書をそのまま国会に回し、検討を委ねました。

これはほとんどスキャンダルに近い展開ではないでしょうか。その後の停滞と混乱はすべてここから始まりました。

事実上の白紙回答を受け取った国会では、その報告書をほとんど店晒《たなざら》しにしたような状態で時間が流れました。令和5年（2023）10月に衆院議長が故・細田博之氏から額賀福志郎氏に交替したあたりから、当時の岸田首相がハッパをかけ、額賀氏がそれに呼応するような形で、政治の動きがしばらく進みました。だが、国会を構成する各政党・会派の合意は一朝一夕には出来上がりません。額賀氏が参院側への根回しも十分に行わないまま、前のめりになりすぎて、毎週1回の開催を予定していた全党派が議長公邸で一堂に会して行う協議は、わずか2回で頓挫してしまいました。

その結果、当初もくろまれていた令和6年（2024）6月23日までの通常国会の会期中での決着は、流れてしまったのです。

このつまずきの原因は何だったのでしょうか。私は額賀氏の政治手腕の未熟さや、各党派の熱意の不足などよりも以前に、議論の土台として政府が国会に回した報告書自体に問題があったと考えています。この報告書において、安定的な皇位継承について白紙回答した事実と、問題をすり替えて提案された皇族数確保策なるものの中身が、あまりにもひどすぎました。

目先だけの皇族数確保策はなぜダメか？

有識者会議の3つの提案とは？

〝目先だけ〟の皇族数確保策として提案された内容は、次の3点でした。ひとつは、内親王、女王が皇族でない相手と結婚された場合、皇族の身分を離れるという、これまでのルール（皇室典範第12条）を変更して、ご結婚後もご本人だけは皇族の身分のままとする。その場合、配偶者とお子さまは皇族にはなれず、「国民」という位置づけです。

次に、これまで天皇、皇族の養子縁組は否定されてきました（皇室典範第9条）が、それを変更して、一般国民の中から、いわゆる旧宮家系子孫の男性だけに限って養子縁組を認め、皇族の身分を与える。養子縁組の時点でその男性がすでに結婚していて、子どももいた場合は、子どもは国民のままとする、という。

しかし、その妻は皇族になるのか、どうか。新しく子どもが生まれた時は皇族となるのか、どうか。その子が男子ならば皇位継承資格を認めるのか、どうか——という基本的な事項がすべて〝空欄〟のままになっていました。もし杜撰《ずさん》でなければ不誠実です。

さらに、旧宮家系子孫男性を現在の皇室の方々とは無関係に、法律だけで皇族にするという乱暴極まるプランも、提案されていました。しかし、これについてはさすがに報告書自体が「（養子縁組プランに比べて）より困難な面があるのではないか」と認めています。この三番目の提案は論外でしょう。なのでそれは除外して、先の内親王、女王婚姻プランと旧宮家養子縁組プランのふたつを、検討してみます。

皇族と国民がひとつの家族という無理で無茶なプラン

あらかじめ確認しておきたいのは、先にも述べたように、どちらのプランも本来の課題だったはずの「安定的な皇位継承」とは無関係ということです。

前者は、お子さまが国民ならば将来の皇位継承にはいっさい関与しません。後者も、新しく生まれた子どもの皇位継承資格について触れていないのです。もしその子どもの皇位継承資格を認めても、一夫一婦制で男系男子限定ルールならば、必ず男子が生まれるとは限らないので、〝綱渡り〟は避けられません。安定化にはほど遠い、と言わざるをえません。

そこを確認したうえで、ひとつひとつ見てまいりましょう。まず、内親王、女王婚姻プランについて。これは、皇室の方々と国民との憲法上の立場の隔絶した違いについて、まったく理解できていないプランだと断言できます。皇室の方々については、憲法の第1章（天皇）が優先的に適用されます。これに対して、国民は憲法第3章（国民の権利及び義務）が全面的に適用されます。たとえば、憲法には国民の選挙権について規定しています（第15条）。しかし、皇室の方々は国政権能を有しない（第4条第1項）との規定が優先適用されるために、選挙権は認められません。

もちろん、憲法の条文が直接、規定するのは「天皇」についてです。憲法に「皇室」という言葉は出てきても、「皇族」という言葉は出てきません。しかしほかの皇族方も、もちろん内親王、女王方を含めて、国事行為を限定的に委任されたり(第4条第2項)、それを全面的に代行する摂政についたり(第5条)する可能性があります。また妃《ひ》殿下方が自らその役目にあたられることはありませんが、国事行為を担う方の配偶者という立場にはなりえます。なので、ある程度のグラデーションはあっても、どなたも天皇に準じた制約を免れないでしょう。

以上のようであれば、内親王、女王方の配偶者やお子さまを国民と位置づける制度は、ひとつの世帯の中で憲法第1章の優先適用を受ける方と、第3章の全面適用を受ける人たちが一緒に暮らすという、無理で無茶なプランです。なので、常識的に考えるとありえないのではないでしょうか。

国民なら政治活動は自由

少し具体的に見てみましょう。配偶者やお子さまが国民ならば、憲法が国民に保障する権利や自由はすべて認められなければなりません。たとえば、政治活動の自由。国民なので、もちろん自由に投票できるし、選挙の候補者を応援することもできる。自分が立候補する自由も保障されています。ご結婚までは政治に関心が薄くても、何かのきっかけで正義感から政治活動にのめり込むこともありえるはずです。あるいは望ましいことではありませんが、政党や政治団体のほうから利用価値を認めて近づく可能性も、否定できません。しかし、国民同士の交流なので、誰も邪魔はできません。お子さまについても同様です。しかし、一方で女性皇族の配偶者やお子さまであれば、社会通念として夫婦や親子は〝一体〟と見られがちです。そうすると、国民である配偶者やお子さまの自由な政治活動は、あたかも女性皇族ご自身の活動であるかのように受け取られ、そのように受け取られることによる特別な政治的効果を持つ可能性があります。さらに、皇室ご自身の活動であるかのようにすら、受け取られかねません。そうすると憲法上、日本国および日本国民統合の象徴である天皇をお支えする皇族として、不偏不党・公正中立であることを求められ、政治にはタッチできないはずの立場との間に、決定的な矛盾や齟齬《そご》が生まれるのではありませんか。

さらに摂政への就任や国事行為の臨時代行にあたられる可能性を考えると、国内の政治的対立を超越した立場から、「内閣総理大臣の任命」や「国会の召集」などを天皇に代わって行うべき皇族の配偶者やお子さまが、精力的に政治活動に取り組むという構図は、常識的に考えてありえないのではないでしょうか。しかし憲法が保障する権利を、法令上の根拠を持たない「無言の圧力」などで押しつぶすことは、許されないでしょう。そんな恣意的な抑圧がまかり通ればほかのケースでも、もっともらしい理由をつけて一般国民の自由や権利への侵害が広がるおそれがあるからです。

明治の皇室典範で家族は同じ身分に大転換

ここでは政治活動を具体例として考えてみました。しかし、ほかに宗教活動や経済活動、表現活動の自由など、憲法上の自由や権利はどれを取っても、女性皇族の配偶者やお子さまという立場とうまくつり合いがとれそうなものは、見つけられません。これはご本人の資質に期待したり、自覚に任せたりする個人の問題ではありません。そうではなく、そもそも憲法第1章の優先適用を受けるべき皇族と、第3章の全面適用を受けるべき国民が、社会通念上は一体と見られる〝ひとつの家族〟として暮らすという制度設計そのものに、根本的な問題があるのです。

有識者会議の報告書を見ると、このプランをまともなものと言い繕うために、苦しい説明をしています。なんと手本として、憲法による自由や権利の保障などが皆無だった江戸時代の話を持ち出していました。徳川第14代将軍だった家茂《いえもち》に嫁いだ、皇女和宮《こうじょかずのみや》（親子《ちかこ》内親王、仁孝《にんこう》天皇の皇女）の事例が取り上げられていました。和宮が結婚後も皇族の身分のままだったと。

しかし、これは〝有識者〟たちの無知ぶりをさらけ出しています。もともと前近代では、皇族と国民との間の結婚によって、どちらも身分に変更がないルールでした。ですから、たとえば有名な奈良時代の光明《こうみょう》皇后は結婚後も皇族になったわけではなく、藤原氏のままでした。女性皇族が国民と結婚しても皇族のままであり、国民女性が皇族と結婚しても国民のままだったのです。

それを明治の皇室典範が大きく転換させました。家族の身分を同一化させたのです。

当時の男尊女卑の風潮を背景に、結婚相手の〝男性の身分〟と同一化する制度になったのです。〝男性〟皇族と結婚した国民女性は「皇族」になりました。逆に国民〝男性〟と結婚した女性皇族は「国民」となりました。そのルールを今の皇室典範もそのまま踏襲しています。

前例がない養子縁組による皇族身分の取得

近代家族と前近代家族が混在？

　ごくたまに、これまでの皇室の歴史の中で国民男性が皇族になった事例はない、と力説・強調して、だから女性天皇や女性宮家の当主と国民男性が結婚して新たに皇族になる制度を作ることは、「先例破り」で許されない、などと主張する人を見かけます。ですが残念ながら、先ほど述べたように、女性も明治典範までは同様だったのです。

　しかし、国民女性が結婚して妃殿下となり、皇族の仲間入りをされることに「先例破り」などと憤激する人は、もともと皇室が嫌いな人ならばともかく、ほとんどいないのではないでしょうか。

　政府が提案した婚姻プランでは、男性皇族が結婚された場合、そのご家庭はこれまで通り。ところが女性皇族だけは、〝憲法がなかった〟江戸時代以前のあり方に逆戻り。皇室の中に「男性皇族の近代的な家族」と「女性皇族の前近代的な家族」が混在し、後者ではひとつの家庭の中に〝皇族〟と〝国民〟が一緒に暮らす。そんなチグハグな制度になってしまいます。

　このプランの背後には、単なる歴史知識の無知だけでなく、根深い男尊女卑の感覚が横たわっているように感じられます。女性皇族は結婚後も皇族の身分のままでいられるだけで満足すればよい……という。しかもそれを今の憲法下で強行しようとすれば、先ほど言ったように思わぬ混乱が起きかねません。皇室にも迷惑をかけるでしょうし、国民が抱く皇室のイメージも大きく損なわれかねません。しかし驚いたことに、女性皇族の配偶者が国民のままならば、結婚のハードルが下がって望ましい、という意見を述べる人がいます。本気でそう思っているのでしょうか。もしそうならば、男性皇族の配偶者も同じく国民のままにするプランを提案すればよいのにと、思います。でもそんな気配はありません。

対象者は親の代からすでに国民

近代以降、夫婦、親子が皇族と国民という別々の身分でひとつの世帯を営むなんて、まったく前代未聞です。失礼ながら、そんな不自然な家庭ならば、結婚のハードルはよけいに高くなりかねないのではありませんか。

なお国民民主党の玉木雄一郎代表は、結婚後も皇室に残られる女性皇族の配偶者やお子さまは、「準皇族」とする提案を述べていました（令和6年＝2024＝6月19日）。さすがに、配偶者やお子さまが「国民」ではまずい、と気づいたのでしょう。

しかし、準皇族などという皇族でも国民でもない〝新身分〟は、憲法第14条第2項が名指しで禁止した「貴族の制度」そのものではありませんか。憲法違反でアウトです。政府が提案した婚姻プランは、わずかでも理性と常識があれば廃棄するしかありません。

次に、旧宮家系子孫男性の養子縁組プランについてはどうでしょうか。

これも先に結論を言えばアウトです。同プランは、被占領下に皇籍離脱を余儀なくされた旧11宮家のうち、現在まで廃絶せずに続いている宮家の中から、今の皇族との養子縁組によって新しく皇族の身分を取得することを可能にする制度を作ろう、という提案でした。

これまでに具体的な候補として取り沙汰されされてきたのは、賀陽《かや》家、久邇《くに》家、東久邇《ひがしくに》家、竹田《たけだ》家の4家です。これらの人たちが皇籍から離脱したのは昭和22年（1947）。令和6年（2024）から数えても、すでに77年も前のことです。

ですから、実際にそれまで皇族だった方々はすっかり高齢化されています。名前が挙がっている4つの旧宮家系子孫の場合でも、候補者とされている人たちは皆さん、父親の代から国民です。本人たちは1分、1秒も皇族だったことがありません。それどころか、親の代からそうなのです。

「旧皇族」という言葉はミスリーディング

ですから、その人たちを「旧皇族」などと呼ぶことはミスリーディングだと思います。何か、本人自身が昔は皇族だった頃があるかのような錯覚を、与えてしまいかねないでしょう。皇籍〝復帰〟などという言い方も感心できません。復帰というのはもとの状態・所属・地位などに戻ることです。だったら、親の代から一度も皇族の身分だったことがないのに、復帰はおかしいですね。

分かりやすいように、失礼ながら具体的な名前を出させていただくと、たとえば竹田恒泰氏という人物がいます。女系を介して明治天皇の玄孫《げんそん》（明治天皇の皇女＝昌子《まさこ》内親王が彼の曽祖父《そうそふ》＝恒久《つねひさ》王と結婚）という血筋です。彼の父親は竹田恒和氏です。この恒和氏は元ＪＯＣ（日本オリンピック委員会）会長でしたが、不本意な形で退任を余儀なくされました。この恒和氏がすでに生まれた時点から一般国民でした。皇族か国民かの区別は明確です。「皇統譜《こうとうふ》」に登録されていれば皇族、「戸籍」に登録されていれば国民。その違いです。恒和氏のさらに父親の恒徳《つねのり》氏の場合は、皇統譜から皇籍離脱によって戸籍に登録替えがなされました（元は恒徳王）。しかし恒和氏も恒泰氏も、生まれた時から戸籍に登録されています。

皇室と旧宮家系の人たちとの交流が深かったのは昭和時代でした。元皇族だった方々が旧宮家の中心におられました。しかし、今の時代はどうでしょうか。皇室の方々と旧宮家系子孫の人たちの交流を図る菊栄親睦会《きくえいしんぼくかい》の集まりがあったのは、直近でも平成26年（２０１４）5月18日の「天皇陛下（今の上皇陛下）傘寿奉祝菊栄親睦大会」でした。今から10年も前のことです。

皇室関係の行事では「元皇族」も招かれています。これを旧宮家系子孫と勘違いしている人がいます。しかし、ここで招かれているのはかつて実際に皇族でいらした方々です。たとえば、天皇陛下の妹宮《いもうとみや》でいらした黒田清子《くろださやこ》さんなど。旧宮家系でも、もとは皇族だったご高齢の方々が対象です。養子縁組の対象になる若い世代やその親などは、もともと皇族ではないので、もちろん対象外です。そこを誤解してはなりません。

三笠宮《みかさのみや》家のご長男だった故・寛仁《ともひと》親王が生前、旧宮家の人たちを身近に感じている発言をしておられました。しかし、寛仁親王は昭和21年（１９４６）生まれで、平成24年（２０１２）に亡くなられた方です。それからすでに10年以上が過ぎています。現在の実情とはひとまず切り離して受け止める必要があります。

養子縁組で皇籍取得はこれまで歴史上に例がない

以上を予備知識として、まず初歩的な事実を確認しておきましょう。それは皇室の歴史において、養子縁組によって新しく皇族の身分が認められた事例は、これまでなかったことです。これについては、宮内庁書陵部《しょりょうぶ》が編纂《へんさん》した『皇室制度史料　皇族　一』の記述を引用しておきます。

《皇族と臣家《しんけ》との養子関係の実例を見ると、皇族が臣家の継嗣《けいし》となったときは養家《ようか》の姓を称するが、逆に臣家の子女が皇族の養子ないし猶子《ゆうし》となった場合は、それによって皇族に列することはなかった》

「猶子」は、現在、そのような制度はありませんが、一般的に養子よりも緩やかで形式的な側面が強かったとされます。いずれにしても、養子縁組という法的な手続きによって皇族でない者が皇族となった実例は、ゼロだったという事実は重いはずです。

また皇族の身分を離れた元皇族が、例外的に再び皇族の身分に復帰した事例は、異例ながら過去にいくつか知られています（『皇室制度史料　皇族　三』）。しかし、生まれた時点ですでに皇族でなかった者が皇族になったのは、平安時代の宇多《うだ》天皇が臣籍降下《しんせきこうか》しておられた時期に生まれたお子さまたちだけで、元は皇族だった父親が皇籍復帰される時に〝ご一緒に〟皇籍に戻られています。

ですから、親の代からすでに皇族でない者が後から単独で皇族になった事例は、ゼロ（！）です。
少しこまかい話をすれば、鎌倉時代の順徳《じゅんとく》天皇の曾孫《そうそん》の源忠房《みなもとのただふさ》（忠房親王）について、生まれた時点ですでに皇族でなく、親とのつながりもなく単独で皇籍を得た〝前例〟として、時おり言及されることがあります。しかし、詳しく見ると、もともと父親の彦仁《ひこひと》王が皇族だった時に皇族として生まれていました。ですから元皇族が皇族に戻っただけの事例でした（日本史史料研究会監修・赤坂恒明氏『「王」と呼ばれた皇族』）。

　このように見ると、旧宮家系子孫男性を養子縁組によって、親の代からすでに一般国民なのに皇族の身分に移そうというのは、まったく前例のない冒瀆《ぼうとく》的なプランと言わざるをえません。

憲法違反の疑いがぬぐえない旧宮家プラン

皇室の「聖域」性への侵犯

皇室典範は、皇室と国民の区別を重んじる立場をとっています。過去にいくつかあった、皇籍離脱（臣籍降下）した者が皇籍に戻った前例を、今後は〝繰り返さない〟という原則でした。

具体的には、国民女性が男性天皇と結婚して皇后になったり、男性皇族と結婚して妃殿下になったりする以外は、「皇族以外の者及びその子孫」は決して「皇族となることがない」と定めています（第15条）。この条文の趣旨については、前出「皇室典範案に関する想定問答」で次のように明言していました。

《臣籍に降下したもの及びその子孫は、再び皇族となり、又は新たに皇族の身分を取得することがない原則を明らかにしたものである。蓋《けだ》し、皇位継承資格の純粋性（君臣《くんしん》の別《べつ》）を保つためである》

皇室の「聖域」性を守るために、皇室と国民の区別を厳格にする。結婚によって国民女性が皇族になるほかは、元皇族であれその子孫であれ、すでに国民である以上は、皇族の身分に復帰したり、新しく取得したりすることは認められない、ということです。

ちょっと口にしにくいケースをあえて持ち出すと、これまでのルールにしたがって内親王、女王が国民男性との結婚によって皇族の身分を離れられた後、仮に離婚されても皇族に戻ることはできません。その場合は、国民として別の戸籍に登録されることになります（「皇族の身分を離れた者及び皇族となつた者の戸籍に関する法律」第3条）。一般国民のように、離婚したから実家に戻る、という話にはなりません。すでに国民になった以上は厳しい一線が引かれることになるのです。

そのような実態を考えると、親の代から国民として生まれた者が、これまで禁止されてきた養子縁組によってそのまま皇族になるなんて、ほとんど破壊的なプランと言うほかないでしょう。

「門地による差別」で憲法違反という重大な疑念

しかもこのプランに対しては、「憲法違反」の疑いが指摘されています。

有識者会議のヒアリングの時に、代表的な憲法学者で東京大学大学院教授の宍戸常寿氏が提出された資料には、以下のような重大な指摘がありました（第4回会合。令和3年＝2021＝5月10日提出）。

「法律（皇室典範）等で、養子たりうる資格を皇統に属する（皇族でない）男系男子に限定するならば……一般国民の中での門地《もんち》による差別に該当するおそれがある」

〝門地〟とは家柄・血筋のことです。たとえば旧宮家系という家柄・血筋を根拠に、ほかの国民には禁止されている養子縁組（皇室典範第9条）をその人たちだけに、例外的・特権的に認める制度を作った場合、それは「門地」による差別を名指しで禁止している憲法第14条第1項に引っかかる、という指摘です。念のために同項を引用しておきましょう。

「すべて国民は、法の下に平等であつて、人種、信条、性別、社会的身分又は門地により、政治的、経済的又は社会的関係において、差別されない」

もちろん、どんな差別も許されません。しかし、さまざまな差別理由の中でもとくに重要と思われる事項が「人種」以下、わざわざ列挙されています。その中に「門地」も含まれています。

旧宮家養子縁組プランがもし〝門地による差別〟に該当するならば、即アウトです。果たしてどうでしょうか。

まず、誤解してはならないことがあります。皇室の方々はこの条文の適用外だということです。憲法第2条に「皇位は世襲」という要請があり、こちらのほうが優先的に適用されるからです。しかし例外は、あくまでも皇統譜に登録されている皇室の方々〝だけ〟に限定されるということも、しっかり頭に入れておく必要があります。

旧宮家系子孫男性はみんな国民であり、戸籍に登録されています。だから、その人たちだけを例外扱いすると、ほかの国民に対する差別になるよ、という指摘でした。

内閣法制局も釈明できなかった

これに対して、残念ながら政府から納得できる説明がなされていません。この疑念に対して、政府の法律顧問的な立場にある内閣法制局が、真正面から答弁に立つ機会がこれまでに二度ありました。どちらも、衆議院内閣委員会で立憲民主党の馬淵澄夫議員からの質問に答えようとしたものでした（令和5年＝2023＝11月15、17日）。

最初の答弁のポイントは以下の通り。

① 天皇、皇族は、国民平等の例外であることを、憲法自体が認めている。

② しかも、その皇族の範囲は法律で決められる。

③ そこで、法律を作って旧宮家系子孫男性を皇族に含めてしまう。

④ そうすれば、例外扱いは憲法上、認められる。

……という説明でした。いやいや、どんな法律でも、国会で議決さえすれば通用する、というならば、そもそも憲法は無用になります。なので、国会は当然ながら〝合憲の法律〟を作る必要があります。

ところが、その法律の作り方に違憲の疑いが投げかけられているのです。つまり③の中身が問題です。そこの疑念を晴らさなければ、④には到達できません。でも答弁では、肝心な③での合憲の法律の作り方についてはスルー。よって、まったく答えになっていませんでした。

次の答弁はどうだったか。憲法第14条（門地差別禁止）との関係では違憲に見えても、憲法第2条（世襲）の要請に応えるためなのでセーフ、というロジックでした。

でも、もともと有識者会議報告書では、憲法の「世襲」という要請に応えるという視点は、あえて排除されていました。そこに踏み込むと、白紙回答を決め込んだ「安定的な皇位継承」の議論に立ち入らざるをえなくなります。だからそこは逃げて、あくまでも世襲とは無関係な皇族数の確保策にとどめるというスタンスでした。

でもそんな逃げの論法では、憲法違反という致命的な疑いに立ち向かえない。憲法違反の疑いにもし対抗できるとすれば、それは〝憲法からの要請〟だけ。そこで内閣法制局はやむなく、報告書が自主規制したラインをあえて踏み越えて、憲法の「世襲」要請に応えるという方向性を打ち出しました。しかし、それはあくまでも「目的」の正当性を打ち出したにすぎません。〝平等〟違反をめぐる違憲審査基準としてよく使われるのは、《その区別の目的が真にやむをえない……（中略）公共的利益を追求するもの》であるか、どうか（渋谷秀樹氏『憲法　第2版』）ということです。それへの回答として、憲法の「世襲」という要請に応えるのだからまぎれもなく「公共的利益を追求するもの」だ、と。しかし一方で、「手段」についてはどうでしょうか。

必要不可欠な手段か？

旧宮家養子縁組プランという「手段がこの目的の達成に是非とも必要」＝必要不可欠（渋谷氏）であることを論証できたか、どうか。内閣法制局の答弁はこの点にまるで踏み込んでいません。

追い詰められて、報告書にはなかった「世襲」という立派そうな〝目的〟を掲げたものの、それだけではダメです。その目的をとげるために〝必要不可欠〟な手段こそが〝旧宮家養子縁組プランだ〟、と証明する必要がありました。なのに、その等式が成り立つことをまったく証明していません。

していない、というより〝できません〟でした。「世襲＝安定的な皇位継承」という憲法からの要請に応えるという「目的」のためには、そもそも十分な実効性を期待できないうえに、同プランよりも優先して実施しなければならない「手段」＝制度改正がほかにあるからです。

それは、歴史上かつてないほど狭く窮屈な、側室不在＋「男系男子」限定ルールを採用している皇室典範の構造的な欠陥を、すっかり解消することです。つまり、女性天皇、女系天皇を可能にすることです。

それらに手をつけないで養子縁組プランをゴリ押ししようとしても、手段としてとても必要不可欠とは言えません。そのため、「憲法違反」の烙印《らくいん》を押されてしまいます。ほかでもない皇室をめぐる制度改正で、憲法違反の疑いを解消できないなんて最悪です。とても採用すべきプランとは思えません。

しかもこのプランは、同じ国民の間に不平等を持ち込みます。家柄・血筋＝門地によって、皇族との結婚を介さず、例外的・特権的に養子縁組が可能で、皇族の身分を新しく取得できる人たちと、その養子縁組が禁止され続ける人たちとに分断するからです。憲法は皇室と国民を区別する一方で、「国民は平等」という原則を打ち立てたはずですが、それが崩れかねません。

皇統を途絶えさせて国民出身の天皇を生み出す暴挙

致命的な問題点とは？

このプランには、ほかにも問題点が多くあります。そもそも結婚という心情的・生命的な結合を介さずに、国民に保障されている自由と権利が大幅に制約されることになる皇籍取得を、前向きに受け入れる旧宮家系子孫男性が実際にいるのか、どうか。いたとしても本人の資質や経歴がふさわしいのか、どうか。皇室の中にそのような養子を受け入れて「養親《ようしん》」になろうとする皇族がおられるのか、どうか。

現在の皇室では、男系にこだわる場合、養親になりえるのは上皇陛下の弟宮《おとうとみや》でいらっしゃるご高齢の常陸宮《ひたちのみや》殿下おひとり（令和6年＝2024＝のお誕生日で89歳）だけではないかとも言われます。天皇ご一家と秋篠宮家は当然、対象から除外されるので、ほかの妃殿下方だと法定血縁（養系《けい》）としては、皇統につながらないうえに、女系になる。皇統につながる女王が未婚のまま養親になることは、ご結婚の障害になるし、同じく法定血縁では女系とされる。

しかし、ご高齢の常陸宮殿下が万が一養親になられても、皇族としての訓育は可能なのか、どうか。昨日まで一般国民だった人物が、養子縁組で新たに皇籍取得するという前例なき皇族が現れた場合、多くの国民はどのように受け止めるか。その人物は現在の皇室の中でどのように受け入れられるか。
もし養子になっても結婚できなかったり、期待される男子に恵まれなかった場合、人々からどのように見られるか。などなど。しかし、より致命的な問題点が別にあります。それは何でしょうか。

皇統断絶、王朝交替への道

男系男子限定という欠陥ルールがそのまま維持された場合、これまでの皇統が途絶えて、新しく養子縁組によって皇族になった人物の子孫が皇位を継承する可能性を、否定できません。その場合は、歴史上かつて存在しなかった、親の代から国民で、すでに国民の血筋になった〝国民出身〟の天皇が登場する、ということです。

皇統の断絶、新しい王朝への交替です。皇室の正当性（理にかなっていること）と、正統性（ふさわしいこと）が鋭く問われることにもなりかねません。そのような事態を引き起こしかねない、危ないプランなのです。

たとえば、賀陽家から養子に入った人物の子孫が即位すれば、皇統譜《こうとうふ》で名字は消されていても、血筋としては、そのまま新しい「王朝」の誕生ということになります。もちろん、賀陽家の男性も広い意味では「皇統に属する男系の男子」です。しかし、600年ほど前の後花園《ごはなぞの》天皇の頃から別の系統に分かれた血筋です。崇光《すこう》天皇につながる血統ながら、天皇からの血縁の遠さはもはや20世以上も離れています。

その遠さは、歴史上の源頼朝（10世）とか足利尊氏《あしかがたかうじ》（15世）よりも、はるかに遠いことになります。しかも親の代からすでに完全に国民の血筋（！）です。

たとえば、「平将門《たいらのまさかど》の乱《らん》」（935～940年）を起こし、自ら「新皇《しんのう》」を名乗った武将の将門は、平安遷都でよく知られている桓武《かんむ》天皇から5世代離れた、子孫でした。祖父の高望王《たかもち》が臣籍降下して三代目にあたる人物でした。ちょうど、皇族の身分を離れてからの世代数が、養子縁組プランの対象になる旧宮家系子孫の人たちと、ほぼ重なります（天皇からの血縁は将門のほうがはるかに近い）。広い意味では、旧宮家系子孫と同じく「皇統に属する男系男子」です。

しかし、彼やその子孫がもし天皇として即位していたらどうでしょうか。間違いなく王朝交替と見なされるはずです。「平」新王朝の誕生と見られるのが当然でしょう。

先ほど少し触れた竹田恒泰氏は、自分たちは「皇統に属さない」と述べていました。

《「皇統」とは法律用語で、「皇統に属する」とは「皇統譜に記載がある」という意味と同一で、すなわち皇族であることと同義語である。……（中略）歴代天皇の男系の男子には「皇統に属する男系の男子」と「皇統に属さない男系の男子」の2種類があり、皇位継承権を持つ現職（原文のママ）の皇族は前者に、また清和源氏《せいわげんじ》・桓武平氏《かんむへいし》そして私のような旧皇族の子孫などは後者に該当する》（竹田恒泰氏『伝統と革新』前出）

ここにあるように、厳密な意味でまさに「皇統に属さない」と言うべきでしょう。もし皇位が「皇統に属さない」血筋に移れば、それは明らかに王朝交替と見るしかありません。皇統による永遠の継承を意味する「万世一系」は、そこで途絶えることになります。旧宮家養子縁組プランにはリアリティーが薄いですが、その恐ろしさを見逃してはなりません。

結局、選択肢はひとつだけ

皇統の定義をめぐる次のような指摘も大切です。

《(皇統とは) 単に家系的血統を意味するだけでなく、「皇族範囲内にある」という名分《めいぶん》上の意味を包含しているのである》(里見岸雄氏『天皇法の研究』昭和47年)

旧宮家系子孫男性は〝厳密な意味では〟皇統に属さない。その皇統に属さない国民を、婚姻も介さないでそのまま皇族にしようとするのが養子縁組プランです。したがってこのプランは、やがて〝国民出身〟(たとえば賀陽家出身とか)の天皇への道を開く。

そのような最悪の選択肢を避けるためにも、安定的な皇位継承への正当かつ正統な道を選ぶしかないでしょう。すなわち今の根拠なき男系男子限定ルールを改めて、女性天皇、女系天皇を可能にするという一択あるのみです。

女性天皇が可能になれば「直系」優先の原則によって、令和で唯一の皇女、敬宮殿下が皇位継承順位が第1位、つまり「皇太子」になられます。それは次の天皇が敬宮殿下で確定することを意味します。

次の章では、わが国における女性天皇の歴史を振り返りましょう。

●世論調査における「女性天皇」への賛成、反対について

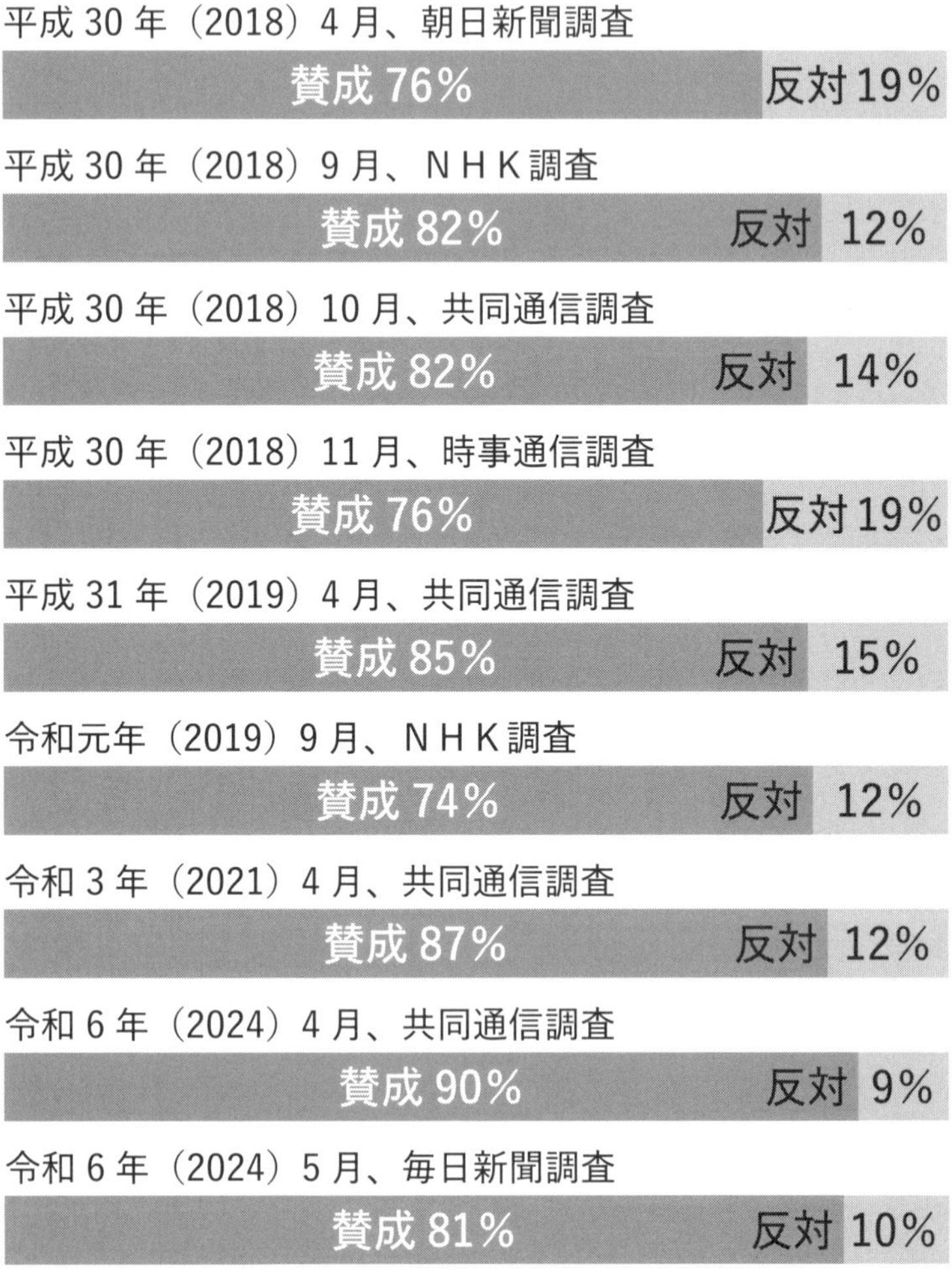

・ここでの賛成には、「賛成」「どちらかといえば賛成」の回答を含めたものです。
・ここでの反対には、「反対」「どちらかといえば反対」の回答を含めたものです。

第3章

歴史の中の女性天皇

日本らしさの証明

「天皇」が登場するまで

世界史の中の「女性君主」

わが国の君主の称号は、改めて言うまでもなく「天皇」です。その天皇が女性なら女性天皇、男性なら男性天皇です。男女の性別が取り立てて注目されないようになれば、普通に天皇だけで通用するはずです。古代にも、「女帝《じょてい》」に対応して「男帝《だんてい》」という言葉が使われていたことは、72ページで紹介しました。「女性君主」をめぐる世界史的な動向について、関東学院大学教授の君塚直隆氏がコンパクトに整理しておられます（『愛子さまの旅立ち』令和6年、所収論文）。わが国の女性天皇を考えるバックグラウンドを提供してくれるので、少し長めの引用をご容赦ください。

《5000年におよぶ君主制の歴史……（中略）のなかで、最初の3000年の間は女性君主とは決して珍しい存在ではなかった。かの古代エジプトにも31の王朝のなかに8人の女性の王（ファラオ）がいた。最も有名なのは、事実上古代エジプトで最後の王もいうべきクレオパトラ（7世＝在位紀元前51～前30年）であろう。これ以外にも、中東からアフリカにかけて数多くの女王《じょおう》がいた。

しかし、基本的に「男尊女卑」の側面が強い世界宗教（キリスト教やイスラム教など）がこの地域を席巻すると、各地から「女王」は姿を消し、王の位は男性に独占されるようになった。ヨーロッパにはサリカ法と呼ばれる、男系男子に王位継承者を限定する相続法もあらわれ、ハプスブルク家を筆頭とするドイツ諸侯《しょこう》やフランス王家もこれを採用した。またこれとは別の思想から、歴代の中華帝国をはじめ東アジアでも男性が君主を独占する状態となっていった》

《キリスト教世界のヨーロッパでは一夫多妻制は採られず、やがて男系の男子に継承権を限定するのも行き詰まっていく。……（中略）やがて20世紀も半ばを迎えると、「男女同権」という考え方とともに、王室に入った女性がどうしても男児を産まなければならないというプレッシャーに堪えられないことをもおもんぱかる思潮が強まっていく》

《こうした背景もあり1953年にはデンマークで憲法改正が実現し、女性が王位を継承できるようになった。……（中略）このような動きは瞬く間にヨーロッパ全土に広がり、君主制を採る8カ国のうちスペイン（ただし女性も継承可）を除くすべてが現在では絶対的長子相続制（男女の性別に関係なく長子が優先して相続する――引用者）を採用している》

女性天皇への視点の転換

こうして、今や一夫一婦制の国で「男系男子」限定という〝古いルール〟を維持しているのは、人口がわずか4万人ほどのミニ国家・リヒテンシュタインを除くと、日本だけというのが実情です。

しかし、わが国にはもともと多くの女性天皇がおられました。先にも述べましたように10代、8人でした。それは東アジアの中では、日本の際立った特色＝日本らしさとも言えるものでした。

しかも、それが明確に排除されたのは明治の皇室典範以来のことなのです。長い皇室の歴史の中では比較的最近の出来事と言ってもよいでしょう。その女性天皇を排除したルールを（うっかり?）そのまま踏襲しているのが現在の皇室典範。そのルールをこれからもいつまでも維持していくべきなのか、どうでしょうか。本章では歴史上の女性天皇を振り返り、女性天皇を生み出したわが国の個性にも目を向けたいと思います。まず、過去の女性天皇についてはさまざまな先入観があるので、ひとまずそれを取り除いておきましょう。〝女性天皇は「中継ぎ」＝ワンポイント・リリーフとして仮に即位されたにすぎない〟〝生涯にわたり結婚されず、一人前に扱われていなかった〟――そんなイメージを漠然と抱いている人もいるようです。

しかし、これらはおもに江戸時代の女性天皇（明正《めいしょう》天皇、後桜町《ごさくらまち》天皇）の姿をもとにした想像にすぎません。江戸時代の女性天皇も決して矮小な存在ではなかったのですが、古代の女性天皇と比べると、存在感がまるで違います。古代の女性天皇の中で生涯未婚だったのは、元正《げんしょう》天皇と孝謙《こうけん》天皇（退位後に重ねて即位されて称徳《しょうとく》天皇）だけです。皇極《こうぎょく》天皇（やはり重ねて即位されて斉明《さいめい》天皇）の場合は、二度も結婚されていました。歴史上の女性天皇については、さしあたり古代の姿をスタンダードと捉える視点の転換が必要だという点だけ、前置きとして述べておきます。

「皇帝」と「王」

わが国の歴史の中での女性天皇の存在感の大きさを端的に理解してもらうために、まずひとつの事実を紹介しておきましょう。それは、最初の「天皇」は〝女性〟だったということです。

と言うと、さまざまな反応が返ってくるでしょう。「公式な皇統譜において最初の天皇は神武《じんむ》天皇である」「神武天皇は明らかに男性であった」とか。あるいは、「現在の歴史学では継体《けいたい》天皇から世襲王権が確立したと見るのがほぼ通説で、その継体天皇は男性だった」……など。

これらの反応はそれぞれもっともです。しかし、私がここで言おうとしているのは、君主の称号として「天皇」号が成立し、それを名乗った最初の君主は女性だった、ということです。

こう説明しても、天皇号の成立は天武天皇の時だったと見るのが、今のところ学界の通説であり、それにしたがえば、「最初の天皇は天武《てんむ》天皇、つまり男性だったはずだ」という反論も予想できます。でも、その通説なるものが本当に信用できるのか、僭越《せんえつ》ながら私は疑問を抱いています。

なので、その点も含めて、少し丁寧に説明するつもりです。前近代の東アジア世界で、君主の称号は各国の君主のランクを示す機能を果たしていました。もともとは「王」という称号が、君主号として普通に使われていました。ところが、チャイナの春秋戦国《しゅんじゅうせんごく》時代を終わらせて国内統一を果たした秦《しん》の君主が「王」よりもランクが高い「皇帝」を初めて名乗りました（紀元前221年、『史記《しき》』秦始皇本紀《しんしこうほんぎ》）。いわゆる秦の始皇帝《しこうてい》ですね。これ以来、「皇帝」が最高君主の称号になり、「王」はそれより下位の称号になります。それは、しばしば皇帝に従属する地位を示しました。

朝鮮半島の国々の君主は、前近代においてずっと「王」を名乗り続け、中華帝国に名義上は臣従する立場を続けました。わが国でも、しばらくは「王」という称号を使っていました。福岡県・志《し》賀島《かのしま》から出土した1世紀半ば（57年）の金印に彫られていた称号は、「漢委奴国王《かんのわのなのこくおう》」つまり王でした。

『魏志倭人伝《ぎしわじんでん》』（正確には『三国志《さんごくし》』魏書《ぎしょ》・烏丸鮮卑東夷伝《うがんせんぴとういでん》・倭人条《わじん》）に名前が出てくる「邪馬台《やまたい》国《こく》」の「卑弥呼《ひみこ》」は、2世紀末から3世紀前半に活躍したと考えられます。その称号は「倭王《わおう》（親《しん》魏倭王《ぎわおう》）」です。5世紀のいわゆる「倭の五王」も、もちろんその呼び名の通り「王」でした。

五王の最後、倭王・武《ぶ》は雄略《ゆうりゃく》天皇と考えられています。埼玉県行田《ぎょうだ》市の稲荷山《いなりやま》古墳《こふん》から出土した鉄剣《てっけん》の銘文《めいぶん》（471年）には、「獲加多支鹵《わかたける》大王」という名前が確認できます。「大王」というのは、「王」に対して服属した豪族が敬って使った尊称でした。ですから、正式な称号としてはやはり王だったことが確認できます。では、わが国の君主が中華帝国の皇帝よりも下位の王号から脱却して、より上位の「天皇」へと飛躍したのは、いつからでしょうか。奈良県明日香《あすか》村《むら》の飛鳥池《あすかいけ》工房《こうぼう》遺跡から出土した木簡《もっかん》から、「天皇」という表記が確認されました。この木簡は677年（天武6年）前後のものと見られています。ですから、天武天皇の時代には「天皇」号はすでに成立していたと考えられます。近年では天皇号は天武天皇朝に成立したとする学説が有力になっています。

それは、こんな考え方です。チャイナ唐《とう》の皇帝・高宗《こうそう》が、674年に初めて「天皇」を名乗った事実に注目します。日本で君主が天皇を名乗るようになったのは、高宗にならってのことだろう。だから、それより〝前〟にわが国で天皇号が使われていたはずがない…というのです。あるいは、わが国が先に天皇を名乗っていたら、誇り高いチャイナ皇帝の高宗がそれより遅れて同じ称号を名乗るなんてありえない、という考え方です（渡辺茂氏『史流』8号、所収論文）。

果たしてそうでしょうか。

最初の「天皇」は女性の推古天皇だった

天皇号の成立は推古天皇の時代

残念ながら、唐の高宗が天皇を名乗るよりも前にわが国に天皇号はなかったはずだ、という通説を支える思い込みには根拠がありません。なぜそう言えるのか。ふたつ理由があります。

ひとつは、高宗が名乗った「天皇」は正式な君主の称号ではなかったからです。唐の正式な君主号はそれまで通り「皇帝」のままでした。天皇は「あくまでも高宗個人の尊号」でしかなかったのです（坂上康俊氏『日中文化交流双書（2）法律制度』所収論文）。そのようなものを、王に代わる新しい君主号として採用するとは、考えにくいでしょう。次に、高宗が天皇を名乗った時に、皇后の則天武后《そくてんぶこう》は「天后《てんこう》」を名乗っていました。

しかし則天武后が天后を名乗るよりも前に、周辺国の吐谷渾《とよくこん》で同じ天后を名乗っていました（『隋書《ずいしょ》』西域伝《せいいきでん》・吐谷渾条）。でも、まったく気にしていません。自ら公認していない他国の称号は、存在していないのと同じ……という感覚だったのでしょう。わが国の天皇号についても、同様の事情だったと考えられます。したがって、674年より後と見なければならない根拠はなくなります。

それどころか、推古《すいこ》天皇の時代のものと考えられる文章の中に、「天皇」という言葉が使われている実例があります（『天寿国繡帳《てんじゅこくしゅうちょう》』の銘文。622〜628年頃の成立か）。

5世紀末以来、チャイナとの交流を途絶えさせていたわが国も、隋《ずい》が大陸を統一した以上、外交を再開するしかありません。その際に、チャイナ皇帝を頂点とする国際秩序である「冊封体制《さくほうたいせい》」から明確に離脱するという、大きな決断をしました。

そもそも王という皇帝より下位の称号が、わが国でもなぜ使われていたのでしょうか。それは、チャイナ皇帝と周辺国の君主との名義上の君臣《くんしん》関係を軸とした冊封体制に、わが国も組み込まれていたからでした。

しかし、わが国は600年に遣隋使《けんずいし》の派遣を始めて以来、隋の皇帝との君臣関係を設定する〝冊封〟を、一度も受けていません。607年に隋皇帝と同じ「天子」(皇帝だけが名乗ることができる別号)を名乗る国書を送って不快がられると、翌年には相手を「皇帝」、自らを「天皇」と区別する国書を届けました。相手に一定の配慮をしつつ、しかし下位の従属的な称号である「王」は二度と名乗らない、という意思表示です。

天皇号の成立は、この608年だった可能性が最も高いでしょう。

推古天皇のリーダーシップ

「天皇」は、中華皇帝に服属しない独立自尊の立場を明らかにした、日本独自の君主号でした。それは冊封体制から脱却し、チャイナ文明圏から政治的自立の道の歩みを始めた、わが国の姿勢を示すものです。これ以降、冊封関係を続けた朝鮮半島が時間の経過とともにチャイナ文明への傾斜を深めたのに対して、わが国は逆に独自性を強めていきます。天皇号の成立は現代につながる歴史の大きな分岐点だったと言っても、言いすぎではないでしょう。

その大きな決断を下した時代の君主は、最初の女性天皇とされる推古天皇でした。

当時、譲位という慣行はまだないので、中継ぎとして即位するということはありえません。ワンポイント・リリーフとして〝本命〟の出番までつないで交代、ということができないからです。

それどころか、推古天皇はまだ君主として即位される前から、絶大な権威を備えておられました。たとえば推古天皇の弟にあたる崇峻《すしゅん》天皇が即位される前、君主の地位を狙った有力な皇族（穴穂部《あなほべの》皇子《みこ》）が誅殺《ちゅうさつ》されています。これは敏達《びだつ》天皇の皇后だった推古天皇の「詔《みことのり》」（本来の意味では君主の公式な意思表示）によるとされています。推古天皇は崇峻天皇の後に即位されるので、まだ君主ではありません。それでも緊急事態に際して、果断な処置を命じる「詔」（に匹敵するもの）を下すだけの権威を、すでに身につけておられたことが分かります。崇峻天皇の即位自体も推古天皇が促したものでした。

さらに、朝廷内で危険視されるようになっていた崇峻天皇が暗殺されたのも、少なくとも事前に推古天皇の同意を得ていたと考えられます。

こうして、推古天皇の満を持しての即位は、中継ぎどころか、朝廷に集まる多くの人々の強い期待によるものだった、と見ることができます。推古天皇の時代は、皇族を代表する聖徳太子《しょうとくたいし》と豪族を代表する蘇我馬子《そがのうまこ》の支えによって、政治の改革や文化の進展にめざましい成果を残しました。

「至徳の天皇」と称えられた皇極天皇

次の女性天皇は皇極天皇でした。この天皇が即位された時点でも譲位の慣行はありません。中継ぎとは考えにくいと思います。夫だった舒明《じょめい》天皇の後継者として即位しました。

皇極天皇は舒明天皇の前に高向《たかむく》王と結婚されていて、お子さまも生まれていました。しかし、離縁か死別かを経て、再婚されました。

ちなみに、舒明天皇と皇極天皇は同じ敏達天皇の孫と曾孫《そうそん》との間での、「オジ」「メイ」の結婚でした。皇室では珍しいケースではありませんが、同じの男系の血縁の者同士が結婚するというのは、チャイナのような厳格な男系社会では近親相姦に等しい絶対的なタブーでした。わが国は女系が独自の意味を持ちえるので、父親でたどると同じ系統でも母親で別の系統なら、結婚に支障がありませんでした。

皇族の間で同族結婚が普通に行われていた事実からも、日本がもともと男系社会でなかったことが分かります。

皇極天皇について、よく知られているエピソードがあります。日照りが続いて農業に必要な水が涸《か》れ果て、人々が困り抜いた時のことです（642年）。

寺院で大がかりな雨乞い行事を行ったり、大臣の蘇我蝦夷《そがのえみし》が自ら祈祷《きとう》を込めたりしても、はかばかしい効果がありませんでした。そんな場面で、天皇ご自身が飛鳥川の上流で四方を拝し、天を仰いで雨を祈られました。すると、たちまち雷が鳴り、大雨が降り始め、そのまま5日間も降り続けたというのです。人々は歓喜し、「至徳の天皇」と称えたと伝えています。

女性天皇の巨大な存在感を示しています。

さらに、大化の改新の幕開けとなった蘇我入鹿《そがのいるか》を暗殺した場面（乙巳《いっし》の変《へん》）。宮中、皇極天皇の目の前で切りつけられた入鹿は、天皇に命乞いをしました。この場面での天皇の対応いかんで、ことの成否が決まります。天皇は暗殺を認め、入鹿を助けることなく奥に姿を隠されました。

このとっさの判断によって、古代統一国家の建設に向けた大化の改新への道が切り開かれたのでした。

この時に、皇極天皇は宮中での入鹿暗殺に暗黙の同意を与えたことへの責任の取り方として、受け身の形で歴史上初めての退位を行っています（後に斉明天皇として重ねて即位）。しかし、後継者は豪族たちの推戴《すいたい》を待たずに自ら指名していて、その主導性は明らかでした。

皇統は女系でつながったという事実

5世紀の皇統を6世紀につないだ女性

ここで一点、見逃してはならない事実を確認しておきましょう。それは、5世紀の皇統を6世紀以降につなぐ決定的に重要な役割を果たした女性の存在についてです。

5世紀末に、跡継ぎが不在のまま武烈《ぶれつ》天皇が亡くなられました。そこで、地方（『日本書紀』の伝えでは今の福井県方面、『古事記』では滋賀県方面）に住んでいた応神《おうじん》天皇の5世の孫とされる継体天皇が、後継者とされました。チャイナ北朝の宗《そう》との冊封関係を深めることでチャイナ化＝男系化をうながした「倭の五王」の時代を経て、ひとまず君主は男性であるべし、という固定観念が生まれていたかもしれません。

しかし継体天皇の場合は、隅田八幡《すだはちまん》神社人物画像鏡銘《じんぶつがぞうきょうめい》に「王」とあったように皇族の身分が認められていたとしても、天皇との血縁が遠すぎます（母方の血筋でも垂仁《すいにん》天皇から8世の子孫）。そこで〝入りムコ型〟の皇位継承が図られました。当時、それまでの直系の皇統をひく手白香皇女《たしらかのひめみこ》という女性がおられました。仁賢《にんけん》天皇の皇女で、先代の武烈天皇の姉でした。この女性との結婚を条件に即位が認められたのです。こうして、この後の皇統は手白香皇女から生まれた欽明《きんめい》天皇によって継承されることになりました。

継体天皇には、ほかにも地方豪族の娘（尾張《おわり》氏の娘・目子媛《めのこひめ》）などを妃《きさき》にしていました。その妃との間にもお子さまがおられました。それどころか、継体天皇の最初の後継者はそちらのお子さまだった安閑《あんかん》天皇であり、その次も同じ母親を持つ宣化《せんか》天皇でした。

しかし安閑天皇にはお子さまがなく、宣化天皇にはお子さまがおられましたが、ついにこの天皇の血統から皇位継承者は現れませんでした。そのうえ、即位を正統化し権威づけるために、それぞれこれまでの皇統につながる手白香皇女の姉妹たちとの結婚が、求められています。

「万世一系」に女系の貢献

今上《きんじょう》陛下にまでつながる皇統の源流に位置するのは、欽明天皇でした。その欽明天皇の即位を根拠づけたのは、安閑天皇、宣化天皇への処

●春日大娘皇女、手白香皇女をめぐる系図

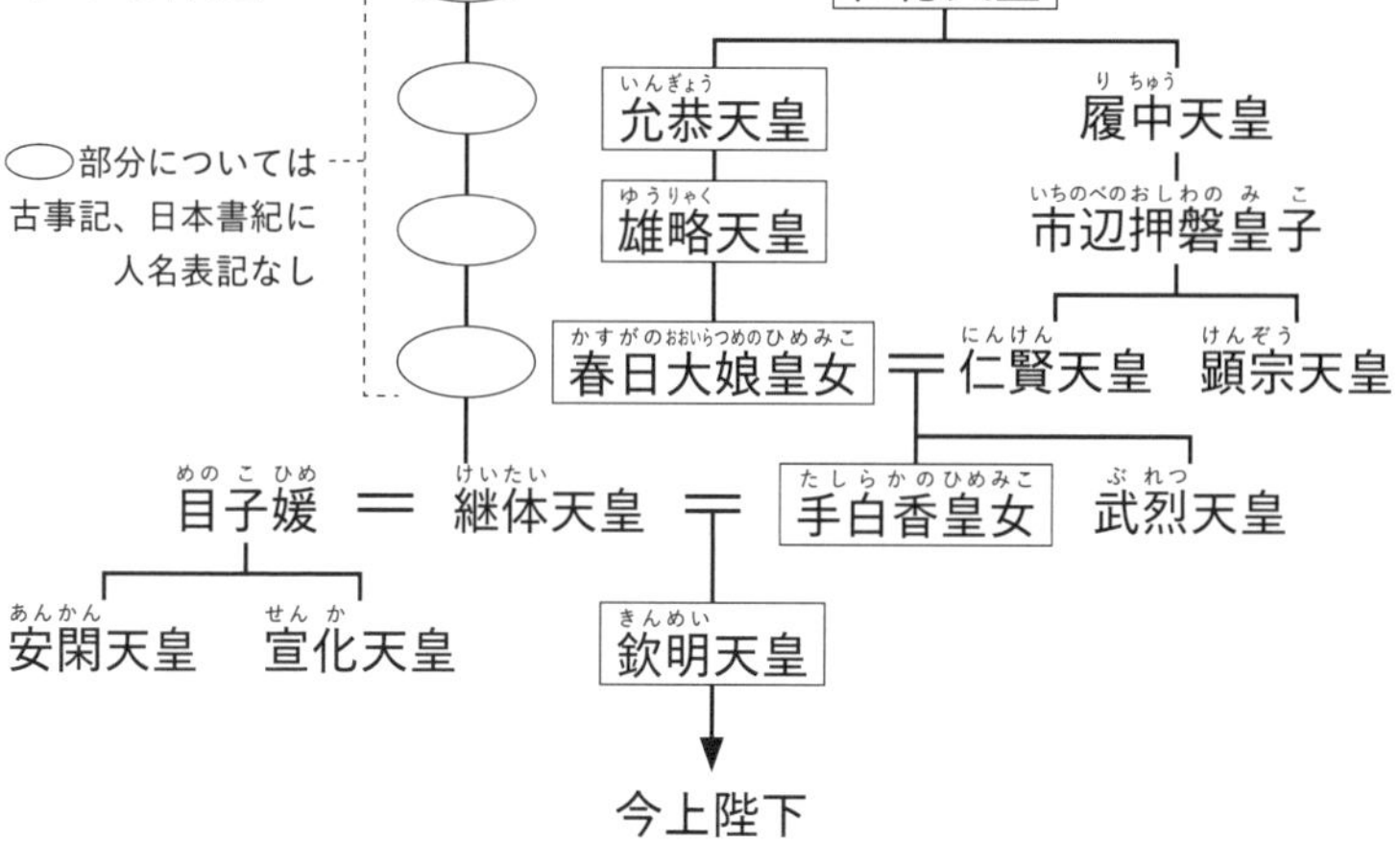

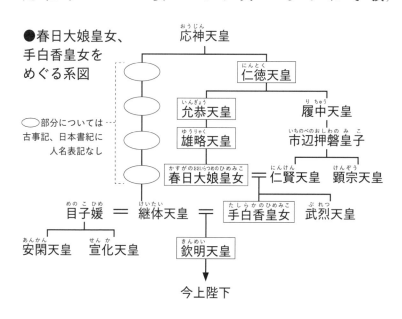

遇から考えると、父親である遠い傍系の継体天皇の血筋＝男系であるというよりも、直系の皇統につながる母親の手白香皇女の血筋＝女系であるというのが、同時代の人たちの実感だったでしょう。つまり「万世一系《ばんせいいっけい》」とされる皇統の継承は、手白香皇女を介した女系によって果たされた、というのが実態でした。

さらに事実を付け加えると、手白香皇女の父親の仁賢天皇もいささか傍系にあたる血筋（履中《りちゅう》天皇の孫）だったので、より直系に近い雄略天皇の娘、春日大娘皇女《かすがのおおいらつめのひめみこ》と結婚されていました。この理由については、以下のように説明されています（遠藤慶太氏『大美和』145号、所収論文）。

《その理由は、仁賢天皇が（それまでの直系の）允恭《いんぎょう》、雄略天皇からすると縁遠く、倭王の地位を確かなものにするためには、前の大王の血筋の女性と結婚することが必要だったのです》

夫だった継体天皇をはるかに凌駕《りょうが》した、手白香皇女の血統の権威も、父親の仁賢天皇ではなく、母親の春日大娘皇女が受け継いだ〝直系の血筋〟に由来していたことが分かります。これも女系による権威、正統性の受け継ぎでした。

例外的に未婚だった女性天皇

このように、女系にも〝皇統〟としての意味が認められていました。だからこそ、〝入りムコ型〟の皇位継承が、重ねて〝ことさら〟必要とされたのでした。皇室の歴史の中で、実際に大きな役割を果たしてきた女系の貢献について、公平なまなざしを注ぐ必要があります。

話題を再び奈良時代の女性天皇に戻しましょう。奈良時代の元正天皇と孝謙天皇が、例外的に独身だった事実についてです。それまでの女性天皇は未婚どころか、むしろ皇后としての経験、実績を背景に権威ある君主として君臨された、という事情がありました。

ところが、「女帝の子」として即位された元正天皇の場合は、弟の文武《もんむ》天皇が病弱で、将来における自分自身の皇位継承の可能性が予想されていました。その場合、もし結婚されるとどうなるか。当時、望まれていた天武天皇と持統《じとう》天皇の間に生まれたお子さまによる直系継承というラインに、混乱を持ち込みかねません。

なぜなら、男性天皇の配偶者である皇后を経ることで即位の可能性が高まるのと同様に、女性天皇が結婚されるとその配偶者＝皇婿《こうせい》となった男性皇族にも、即位の可能性が生まれてしまいます。

さらにお子さまが生まれると、「女帝の子」として皇位継承資格が認められます。なので、先のラインへの混乱要素は、もっと大きくなりかねません。できるだけそれを避けたい、という動機が働いたのではありませんか。

孝謙天皇についても、ほぼ似たような事情を想定できます。つまり元正天皇、孝謙天皇が独身だったのは、君主として〝半人前〟だったなどの理由ではありません。むしろ逆です。

男性天皇と同じく配偶者に皇位継承の可能性を与えるほどの権威をそなえ、お子さまにも継承資格が認められる正統性を持っておられました。だからこそ、皇位継承のラインに影響をおよぼす懸念をあえて避ける必要があった、ということになります。

女性天皇は男尊女卑の風潮が強い東アジアできわだつ日本の独自性

〝国民出身〟の天皇は阻止

孝謙天皇は聖武《しょうむ》天皇の事実上の〝第1子〟として、側室から生まれた男子（安積親王《あさかしんのう》）をさしおいて、史上初の女性「皇太子」に立てられています。譲位後には、直系の権威を背景に、上皇として傍系の淳仁《じゅんにん》天皇を廃位《はいい》に追い込むという、かなり荒っぽいことをやってのけました。古代日本における女性君主の存在感を見せつけた場面です。

称徳天皇として重ねて即位されてからは、有名な「道鏡《どうきょう》事件」がありました。道鏡は弓削《ゆげ》氏の出身とされるほか、天智《てんじ》天皇の孫（施基皇子《しきのみこ》の子）とする異説もあります（『公卿補任《くぎょうぶにん》』など）。しかし、たとえ広い意味では「皇統に属する男系の男子」だったとしても、すでに長く臣下《しんか》として扱われていました。そうであれば、称徳天皇ご自身が道鏡の即位を強く望んでおられたとしても、〝国民出身の天皇〟なんて、朝廷の総意として何としても認められるはずがありません。

直接には和気清麻呂《わけのきよまろ》の勇気ある行動によって、道鏡の即位は阻止されました。ですが、それは当時の人々の圧倒的多数の意思をバックにしていたからこその結果でしょう。

称徳天皇ののち、江戸時代の明正天皇まで女性天皇は現れません。でも、それが禁止されたり排除されたりしていたのでないことは、先に述べました。

江戸時代の女性天皇が、古代に比べて存在感がはるかに小さい事実は否定できません。それこそ「中継ぎ」の性格が強く、未婚が当然と見られていました。おそらく江戸幕府の女性蔑視が原因で成人でも一人前に扱われず、政務代行者の摂政が置かれる始末です。

女性天皇は日本らしさ

ただし当時は古代とはまったく異なり、国家における天皇、朝廷の存在自体が、限られたものになっていました。それは《公武《こうぶ》（公家《くげ》と武家《ぶけ》）和融原則に立って存立する幕藩制《ばくはんせい》国家の「金冠《きんかん》」的な権威部分として近世の公儀権力の最上部に定置された》（深谷克己氏『近世の国家・社会と天皇』）という位置づけだった、とされています。

それでも、傍系の光格《こうかく》天皇が即位された時には、譲位後の後桜町上皇が君主の心構えとして「慈悲深さ」「民衆を思いやる心」「誠実さ」などが大切であることを、懇篤《こんとく》に教えさとしておられた事実があります（辻善之助氏・監修『歴代詔勅集』、同『修訂　皇室と日本精神』）。

むしろ武家支配下の江戸時代でさえ、おふたりの女性天皇がおられた事実に、「日本らしさ」を発見できるのではないでしょうか。東アジア全体で最初に登場した女性君主は、わが国の推古天皇でした。それ以来の女性天皇の歴史を振り返ると、男尊女卑の風潮が根強かった東アジアにおいて、独自の歴史を築いてきた歩みに気づけると思います。そもそも、皇室の祖先神が〝女性〟神の天照《あまてらす》大神《おおみかみ》とされていること自体、女性を重んじる日本の国柄を象徴する事実でしょう。

ところが明治以来、前近代のわが国では想像もできなかった女性天皇をまったく排除した男尊女卑の皇位継承ルールを維持しています。そしていつの間にか、世界の中でも〝一夫一婦制〟を採用しながらほとんど唯一「男系男子」限定にこだわり続ける、孤立した時代遅れな国になってしまいました。

「日本らしさ」はどこへ消えた？　と嘆かわしくなります。いつまでも、このような状態のままでよいのでしょうか。

女性天皇をかたくなに排除するいびつなルールにしがみついているために、天皇陛下にお子さまがいらっしゃっても皇位継承資格を持ちません。その結果、令和の皇室には直系の皇女＝敬宮《としのみや》殿下がいらっしゃるにもかかわらず、「皇太子」が不在、という異常事態に陥っています。

次の章では、この問題を取り上げます。

第4章

皇太子が不在の令和皇室

欠陥ルールの皇位継承順序を見直す

皇太子が不在という重大な事実

これまで皇太子がおられた

令和の皇室でとても目立つ事実があります。少なくとも近代以来の皇室にはなかった特異な事態に、令和の皇室は陥っています。それは何でしょうか。「皇太子」がおられない、ということです。

皇太子とは古代以来、一般に次代の皇位継承者をさします。天皇のお子さまに限らず、お孫、ご兄弟、その他も含めて、すべて皇太子とお呼びしていました。途中、室町時代から江戸時代の前期まで、皇室経済が衰えたために、皇太子を決定するための儀式を行うことができず、皇太子制そのものが中断した不本意な時期もありました。しかし、そうした例外的な時期を除けば、どの天皇の時代にも皇太子を定めることは、およそ通例とされてきました。

明治の皇室典範（明治22年＝1889＝に制定）以来、「皇太子」の法的な定義が明確になりました。皇位継承順位が第1位（皇嗣《こうし》）の方が天皇のお子さま（皇子《こうし》）であられる場合に限り、その方を「皇太子」とお呼びします（明治典範第15条、現行の皇室典範第8条）。分かりやすくいえば、天皇のお子さまであって、次に即位されることが確定している皇族、ということです。もはや何かの儀式によってその立場につくのではなく、皇室典範の規定が根拠となって、お生まれになった瞬間に皇太子になられます（典範制定前にお生まれになった大正天皇は明治22年＝1889＝11月

3日の立太子式で皇太子になられた)。

明治典範制定以降の大正の皇室では、裕仁《ひろひと》親王(のちの昭和天皇)が明治34年(1901)に皇太子としてすでにお生まれになっています。昭和の皇室では、昭和8年(1933)に明仁《あきひと》親王、つまり今の上皇陛下が皇太子として生まれておられます。上皇陛下がお生まれになるまでは、明治典範の皇位継承ルールでは皇位継承資格が認められない内親王《ないしんのう》のご誕生が続いていました。

なので、しばらく昭和天皇の弟宮《おとうとみや》でいらっしゃった秩父宮《ちちぶのみや》が、皇位継承順位が第1位、つまり〝傍系の皇嗣〟という立場でした。しかし、直系の長男として上皇陛下がご誕生になった瞬間、秩父宮は皇位継承順位が第2位になられ、皇嗣という立場から離れておられます。傍系の皇嗣は直系の皇太子とは異なり、次の天皇になられることが確定した立場ではないのです。

このように明治以来、しばらく皇太子が不在の期間も限定的にはありました。でも1代の天皇のご在位期間を通して、皇太子がまったくおられないという時代は、これまでありませんでした。

皇太子が不在という現実

ところが令和はどうでしょうか。皇太子が不在です。もちろん「皇嗣」はおられます。現時点で皇位継承順位が第1位の皇族です。皇室典範第2条(皇位の順序)の規定を覗《のぞ》くと、第1項の〝第6号〟という後ろのほうに「皇兄弟《こうけいてい》及びその子孫」という項目があります。天皇のご兄弟《きょうだい》とその子孫ということです。これに該当するのが、秋篠宮《あきしののみや》殿下とそのお子さまの悠仁親王《ひさひとしんのう》殿下です。

秋篠宮殿下はまさに先ほど言及した〝傍系の皇嗣〟という立場です。だから、「皇太子」ではありません。

一方、天皇陛下にはお子さまがいらっしゃいます。お健やかでご聡明……というレベルを超えた、光り輝くような皇女の敬宮《としのみや》（愛子《あいこ》内親王《ないしんのう》）殿下です。にもかかわらず、今の皇室典範のルールでは皇位継承資格をお持ちではありません。その理由は、ただ「女性だから」というだけです。

皇位継承資格を男系男子に限定するミスマッチなルールが（うっかり？）今も維持されています。そのために、天皇陛下のお子さまであっても、敬宮殿下には皇位の継承資格が認められません。なので皇太子になれないのです。このように、令和の皇室には皇太子が不在です。果たしてこのような状態のままでよいのでしょうか。それを判断するために必要な事実をいくつか、これから紹介したいと思います。まず、皇太子と傍系の皇嗣は具体的にどのように違うのか、普段は見逃されがちなポイントを紹介します。それから、現在は皇嗣でいらっしゃる秋篠宮殿下ご自身が将来、本当に即位されることはあるのでしょうか。畏れ多いですが、ご本人のお気持ちも拝察しながら、リアルに考えてみます。さらに思考停止して、現在の皇位継承順序をそのまま固定化してしまうことが、皇室の将来にどのような弊害をもたらすのか、これも冷静にフェアに考えたいと思います。

皇太子と「傍系の皇嗣」は違う

まずは皇太子と傍系の皇嗣の違いについて。第一に、皇太子は、次の天皇として即位されることが確定した立場です。それに対して傍系の皇嗣は、あくまでもその時点で皇位継承順位が第1位であるにすぎません。実際に、先ほど触れたように秩父宮が一度は皇嗣だったものの、即位することなく皇嗣の立場を離れられた事実があります。

これは理論的、一般的に考えても、分かりやすいはずです。傍系の皇嗣がおられても、その後に直系の男子がお生まれになれば、とくに制度を変更しなくても、その時点で皇位継承順序が変わります。直系優先の原則があるので、第1位は当たり前にそちらのほうに移ります。直系の皇太子の場合は〝優先される側〟なので、当然ながらそのような順序の変更は論理上も決して起こりません。

これは重大で決定的な違いです。

この点を頭に入れておくと、過去に皇太子という確定的な立場を内外に宣明される「立太子《りったいし》の礼《れい》」という儀式はあっても、皇嗣という暫定的な立場を宣明する「立皇嗣《りっこうし》の礼《れい》」がなかったことが、当たり前のこととして理解できるはずです。

ところが、政府は無理やり立皇嗣の礼という前代未聞の儀式をこしらえて、内閣の助言と承認（＝内閣の意思）に基づく国事行為として、実施しました（令和2年＝2020＝11月8日）。もちろん、これによって次の天皇として即位されることが確定するわけではありません。傍系の皇嗣はどのような儀式を行っても皇嗣のままです。立皇嗣の礼は、どこまでも暫定的に「皇嗣」である事実を改めて表明する儀式にすぎないのですから、当然です。

皇太子と傍系の皇嗣は大違い

立皇嗣の礼は何のために行ったのか?

では、政府は何のためにこのような儀式を行ったのでしょうか。端的にいえば、言葉は悪いですが印象操作でしょう。現在の〝構造的な欠陥〟をかかえたルールのもとで秋篠宮殿下が皇嗣とされているのは、あくまでも暫定的にそうなっているにすぎないということ。その〝暫定性〟を覆い隠して、あたかも次の天皇として即位されることが確定したかのようなイメージを一般の国民に与えることが目的だったとしか、考えられません。一種の心理的なトリックですね。

そのようなイメージづくりに成功すれば、どうなるか。今の欠陥ルールを根本的に見直すという、絶対に避けて通れないはずの手続きが、逆に既定の事実をひっくり返す暴挙のような印象を与えることになります。現に「今の皇位継承順序をゆるがせにしてはならない」という思い込みが、政界に広く行き渡っているようです。まったく政府のねらい通りです。

しかし傍系の皇嗣は、どんな儀式をやってもやらなくても、あくまでも皇嗣でしかありません。その事実をまず確認しておきましょう。

その直系の皇太子と傍系の皇嗣の違いは、皇室典範の規定にはっきりと映し出されています。それは意外な事実かもしれませんが、皇嗣について皇室典範は「皇籍離脱《こうせきりだつ》」の可能性を認めているということです。すなわち「やむを得ない特別の事由があるときは」傍系の皇嗣なら皇族の身分を離れるケースがありえる、というのが皇室典範が定めるルールです（第11条第2項）。

次の天皇として即位されることが〝確定〟しておられる立場なら、このような規定が設けられるはずがありません。現に、「皇太子」および、皇太子が不在で天皇のお孫さまが皇位継承順位が第1位なら「皇太孫《こうたいそん》」と言いますが、その皇太孫については除外することが明記されています。

これが皇太子（皇太孫）と皇嗣の違いの第二です。

お住まいも「御所」と「宮邸」という違い

また第三として、皇室典範では皇太子と皇嗣の違いを「摂政」を設置する場合にも、設けています。摂政は、天皇が未成年だったり、心身の重いご病気などで国事行為をご自身で行えない時に、その全面的な代行者として皇族があてられる役目です。

傍系の皇嗣に何らかの「故障」があって、ほかの皇族が先に摂政に就任した場合、皇嗣の故障が解消しても、いったん摂政についた以上はもう途中で交代しないで、ほかの皇族がそのまま摂政を続けます（第19条）。

一方で、皇太子や皇太孫の場合は、その故障が解消されたら〝ただちに〟摂政につくルールになっています。これも、やはり次の天皇として即位されることが確定した立場かどうか、という違いによるものです。

ここで述べた第二、第三のような重大な違いを皇室典範は設けています。そのために、先の特例法では大急ぎでカバーする必要がありました。「皇室典範に定める事項については、皇太子の例による」（第5条）という規定がそれです。こんな条文をわざわざ追加する必要があること自体、皇太子と傍系の皇嗣の違いをよく示しています。

その違いに応じて、敬意の表し方にも違いがあります。たとえばお住まいの呼び方です。これが第四の点です。皇太子なら、お住まいの呼び方は「東宮御所《とうぐうごしょ》」です。東宮は皇太子のことを意味します。御所は天皇のお住まいと共通する呼び方です。天皇に準じた高い敬意が払われています。

これに対して、傍系の皇嗣でいらっしゃる秋篠宮殿下のお住まいはどうでしょうか。「秋篠宮邸《あきしののみやてい》」です。宮邸というのは、一般の皇族のお住いと同じ呼び方です。

皇嗣になられて、宮邸の大がかりな増改築工事が行われました。それでも呼び方は変わりません。ほかの皇族と比べて、とくに高い敬意が払われているわけではありません。

護衛のための独立したセクションがあるか？

さらに第五の点。〝外出される〟ことをどう表現するか。そこにも敬意のレベルが正確に映し出されます。皇太子の場合は「行啓《ぎょうけい》」です。天皇の「行幸《ぎょうこう》」に次ぐ高い敬意が払われています。皇后や皇太子妃も同じく行啓です。天皇と皇后がご一緒に外出される場合は「行幸啓《ぎょうこうけい》」と言います。

令和の今、両陛下が毎年、おそろいで地方にお出ましになる行事が4種類あります。「全国植樹祭」

「国民スポーツ大会」「全国豊かな海づくり大会」「国民文化祭、全国障害者芸術・文化祭」です。これらをひとまとめにして〝4大行幸啓〟と呼んでいます。

ところで、秋篠宮殿下の場合はどう表現するかと言えば、皇嗣であっても傍系なので「行啓」ではありません。「お成《な》り」です。これは一般の皇族方の場合と同じです。天皇に次ぐ敬意が払われる皇太子に対して、傍系の皇嗣はほかの皇族と同じレベルでしかありません。そういう位置づけです。

第六の点は皇宮警察による護衛体制の違い。皇太子なら独立の専用部署が設けられます。平成時代には護衛第2課がそれを担当しました。第1課は天皇ご一家と国賓を担当します。これに対して傍系の皇嗣ならどうでしょうか。現在、護衛第2課は秋篠宮家だけでなく、ほかの内廷外《ないていがい》の宮家《みやけ》も担当しています。つまり、独立した専用のセクションはありません。

第七の点として、具体的な護衛のあり方も違います。現状、秋篠宮殿下がお車で移動される場合、前後に警察車両が1台ずつで交通規制がないことが一般的です。これに対して、平成時代における皇太子（現在の天皇陛下）の場合は、一例を挙げると前後の警察車両1台ずつに加えて、先導の白バイ2台、後ろにも側衛車で白バイ2台、交通規制あり、という形でした。ずいぶん違っています。それだけ、皇太子と傍系の皇嗣では、立場の重みに違いがあることを意味しています。

秋篠宮殿下の即位はリアルに想定しにくい

皇太子として黙祷とボランティアへのご会釈

さらに2点、付け加えておきます。天皇陛下は東日本大震災が起きた翌年（平成24年＝2012）から、地震が発生した3月11日当日に合わせて、黙祷《もくとう》を続けておられます。この時は皇后陛下も敬宮殿下もお住まいの御所でご一緒に黙祷を捧げられます。これは皇太子時代から、令和の今も続けておられます。

令和3年（2021）は国立劇場で行われた東日本大震災10周年追悼式典に両陛下がおそろいでご臨席され、敬宮殿下は当時お住まいだった赤坂御所で黙祷をされていました。

秋篠宮、同妃《どうひ》両殿下には、平成29年（2017）の東日本大震災6周年追悼式以降、同31年（2019）まで同式典にご臨席され、さらに令和2年（2020）には阪神・淡路大震災25周年追悼式にご臨席になっています。ただし、天皇陛下が皇太子時代になさっていたような、ご自身での（あるいはご家族での）黙祷をなさっていることは、公表されていません。

また戦後になって始まった皇居勤労奉仕では、全国から集まるボランティアによって皇居と赤坂御用地の清掃奉仕が行われています。その際、皇居では天皇、赤坂御用地では皇太子が非公式にお会いくださる「ご会釈《えしゃく》」の機会がありました。

私自身も昭和時代、平成時代、さらに令和になってからも、合計で6回ご奉仕に加わらせていただいた経験があります。昭和時代には当時の皇太子でいらした上皇陛下、平成時代には当時の皇太子でいらした今の天皇陛下から、それぞれご会釈を賜る光栄に浴しました。

ただしご会釈は、もっぱら皇室の方々のご厚意によることなので、ボランティアを許していただいている国民の側から、お願いしたり期待したりする筋合いのものではありません。

そのことを確認したうえで、事実としてだけ紹介すれば、令和になって以降、少なくとも現状では秋篠宮殿下はこのようなご会釈はなさっておられないようです。

天皇陛下より5歳お若いだけの秋篠宮殿下の即位は考えにくい

以上、蛇足も加えてしまいました。とにかく皇太子と傍系の皇嗣では、やはり立場にはっきりと違いがあることは、ご理解いただけたのではないかと思います。令和の皇室には皇太子が不在である、という重い事実に改めて目を向けてほしいと思います。そのうえで、傍系の皇嗣でいらっしゃる秋篠宮殿下が実際に即位されるということが、果たして考えられるのかどうか。思い込みを排して冷静に点検してみましょう。まずご年齢の問題があります。

天皇陛下のお誕生日は昭和35年（1960）2月23日です。これに対して、秋篠宮殿下のお誕生日は昭和40年（1965）11月30日です。ご年齢の差はわずか5歳だけです。仮に天皇陛下が上皇陛下の前例にならって、85歳でご高齢を理由に退位される場合、秋篠宮殿下はすでに80歳近くです。

それから即位されるということは、率直に言ってリアルには考えにくいでしょう。

かといって、天皇陛下がまだご壮健なのに、秋篠宮殿下のために前倒しで退位されるというやり方は、いかがでしょうか。高齢化によって、ひたすら国民のために全身全霊で尽くすということが困難になりそうだから若い世代にバトンタッチしたい、というのが、上皇陛下が退位を望まれた動機でした。その場合と違いが生まれ、恣意的な退位という受け止め方が出てくる余地があるのではないでしょうか。

失礼ながら過去の事実を振り返ると、昭和天皇の弟宮で早く亡くなられた秩父宮（昭和28年＝1953＝に薨去《こうきょ》）を別にしても、高松宮《たかまつのみや》は明治38年（1905）生まれで昭和天皇より4歳お若くいらしたが、昭和62年（1987）に昭和天皇より先に亡くなられています。ご兄弟の場合は、このようなことも実際にありえるということは、事実として承知しておく必要がある思います。いずれにしても、秋篠宮殿下が将来、即位されるということは現実味がないのではありませんか。

皇位継承者としての教育方針について答えを避けられる

このことは、ご長男で現在の皇位継承順位が第2位の悠仁殿下への、ご教育方針にもダイレクトにかかわってきます。ご本人が天皇でなく、将来に自分が天皇として即位されることへのリアリティーも薄い。そのような方が、果たしてわが子に対して、天皇として国民から敬愛の気持ちを受けるにふさわしい素養を身につける、いわゆる「帝王学」を十分に施すことができるのか、とあやぶむ声を時おり耳にすることがあります。失礼といえば失礼な言い方ですが、おそらく悪意のない正直な心配を吐露しているだけなのでしょう。これに対して、秋篠宮殿下ご自身が記者会見の場で微妙な受け答えをされた場面がありました（令和4年＝2022＝11月25日）。それは、記者から悠仁殿下の高校生活のご様子と「皇位継承者としての教育方針」について質問された時の、やり取りです。

秋篠宮殿下は悠仁殿下の高校生活についてお話しになった後、「〝その次のこと〟につきまして……」という婉曲な言い回しをされました。皇室にとって「皇位継承者としての教育方針」というのは、真正面から向き合うべき重大なテーマのはずです。そのうえでお答えになった内容も、「皇位継承者としての」という切り口からの質問に対して、ストレートな回答を避けられた印象です。

「日本は本当に各地に様々な文化があります。そういうものを若いうちに実際にその場所を訪ねて、そこでそういうものに直に触れるということは、将来的にも非常に大事なことなのではないかなと思っております。……（中略）また、それとともに書籍などを通じて、様々なこと、中でも日本の歴史などについては知っておいてほしいと思ってそういう話もすることがあります」

これは、例年の記者会見でそのつど「教育方針」について尋ねられ、すでに何度か似たような回答をされたことの繰り返しでした。秋篠宮殿下はこれまで、悠仁殿下の個人的な興味や関心とは別に、将来の天皇にふさわしい人格を身につけるために、どのような教育を行っておられるか、具体的にお答えになったことはありません。

今の皇位継承順序を固定化すると秋篠宮家にご迷惑

天皇陛下が学ばれた「天皇の歴史」

秋篠宮殿下の悠仁殿下への教育姿勢と、天皇陛下が学ばれた時の様子とを比べると、かなり〝温度差〟が感じられます。たとえば、上皇、上皇后《じょうこうごう》両陛下がまだ皇太子、同妃でいらした昭和時代。天皇陛下がまだ浩宮《ひろのみや》殿下と呼ばれていた頃の記者とのやり取りに目を向けてみましょう。

皇位継承順位が第2位という点では、今の悠仁殿下と同じポジションでした。当時は学習院中等科3年なので、今の悠仁殿下よりお若くいらした。やり取りがあったのは、昭和49年（１９７４）の上皇后陛下の40歳のお誕生日に際しての記者会見でした（昭和49年＝１９７４＝10月17日）。記者は「浩宮様の教育方針について」質問しました。これに対して、上皇后陛下は次のようにお答えになっています。

「将来、国際的な視野を求められることになるので、この時期に、日本の歴史、文化史のような、その基になるものを学ばせたい」

ここで「将来、国際的な視野を求められることになるので」とおっしゃっているのは、浩宮殿下がやがて天皇として即位されることを当然の前提とされています。また天皇陛下が学習院高等科2年だった昭和51年（１９７６）12月17日、上皇陛下が43歳のお誕生日に際しての記者会見では、次のようなやり取りがありました。記者はストレートな質問を投げかけていました。「浩宮様にはどういう帝王学をお考えですか」と。これに対する上皇陛下のお答えもストレートでした。「帝王学という言葉が適切かどうかとも思いますが、たとえば、日本の文化、歴史、とくに天皇に関する歴史は学校などでは学べないものです。それをこちらでやっていくことにしたい。……(中略)『象徴学』は一つの言葉では表せないと思います。いろんな材料を与えて、それをいかに咀嚼《そしゃく》していくかが大事です」

昭和52年(1977)の上皇后陛下の記者会見(10月18日)では、次のような発言もありました。「浩宮が将来の自分の立場を自覚して、皇室の歴史を貫く仁《じん》の心(他を思いやり、いつくしむ心)を身につけていってほしい」——。

秋篠宮家で「象徴学」の学びは?

上皇陛下は、憲法で「象徴」と規定された天皇にふさわしい素養を身につける学びを、「帝王学」と表現することは適切ではない、とお考えでした。言い換えるなら「象徴学」である、と。一般的な学校教育ではカバーできないその象徴学は、しっかりと「こちらでやっていく」と明言されていました。実際にそれを実践されていた事実も知られています。当時の学習院大学学長だった児玉幸多氏ら一流の歴史学者を招いて、系統的に「天皇の歴史」を学ばれた事実がありました。上皇、上皇后両陛下は、高校時代、あるいはさかのぼって中学時代の天皇陛下に、「象徴学」を学ばせるという姿勢をはっきりと持っておられました。「皇位継承者としての教育方針」を明確に確立しておられたのです。これと秋篠宮殿下の姿勢を比べると、かなり曖昧になっている印象をぬぐえません。秋篠宮殿下は「皇位継承者としての教育方針」というテーマ自体を、これまで一度も明言されていません。記者への回答で「文化」「日本の歴史」を取り上げておられたのは、先の上皇陛下のお答えにある「日本の文化、歴史」に重なるだけに、より重視された「天皇に関する歴史」について、あえて言及されなかった事実が目につきます。トータルでながめると、秋篠宮殿下は悠仁殿下が将来の「皇位継承者」として自明視されること、それが既定の事実であるかのように扱われることに対して、違和感を覚えておられるように見えます。

天皇陛下が、浩宮殿下と呼ばれていた中学、高校時代から学んでおられた「象徴学」が、秋篠宮家の「教育方針」としてしっかり打ち立てられているという事実も、伝わってきません。

これはおそらく、秋篠宮殿下が無責任であるとか、教育に熱心でないということではないでしょう。そうではなく、次代の天皇に最もふさわしいのは直系の皇女でいらっしゃる敬宮殿下であると、正しく理解しておられるからではありませんか。「皇位継承者」としての学びにおいて、天皇陛下のおそばで暮らし、その感化を受ける以上の教育はないことを、秋篠宮殿下こそ最も深く知っておられるのではないでしょうか。秋篠宮家の教育方針において「象徴学」が自覚的に採用されてこなかった事実は、先頃（令和6年＝2024＝9月6日）発表された悠仁殿下のご成年に際しての「ご感想」にストレートに反映していると言えるでしょう。そこには、「天皇「皇室」「皇族」「国民」

という言葉がいっさい出てきていませんでした。

悠仁殿下を不幸にするルール

このように見てくると、政府、国会が「天皇陛下→秋篠宮殿下→悠仁殿下」という今の欠陥ルールのもとでの皇位継承順序を固定化し、それを自明視・絶対視しているように見えることは、秋篠宮家の皆さまにとって迷惑このうえないことなのではないでしょうか。この順序は、令和で唯一の皇女でいらっしゃる直系の敬宮殿下を、ただ「女性だから」というだけの理由で皇位継承ラインからあらかじめ排除する、というアナクロニズムなルールを前提としています。

このルールをそのまま維持すれば、どうなるでしょうか。悠仁殿下のご結婚相手は絶対に「男子」を産まなければ皇室自体を滅ぼす、という強烈なプレッシャーから逃れられません。それはご結婚そのもののハードルを絶望的なまでに高めかねません。めでたく結婚されても男子に恵まれるとは限らず、その場合に悠仁殿下が直面される事態の困難さは、いかがばかりか。このルールが悠仁殿下の将来を不幸にしかねない、という懸念を秋篠宮家の皆さまは当然、抱いておられるのではないでしょうか。

ですから、今の継承順序の変更をともなうルールの是正が秋篠宮家に非礼であるとか、お気の毒で申し訳ないとか考えるのは、上述の点と考えあわせて、とんだ見当違いではないでしょうか。

秋篠宮家はジェンダー平等を尊重される

佳子殿下が訴える「ジェンダー平等」

そもそも秋篠宮家は、現代における普遍的な価値観というべき「ジェンダー平等」について、深い理解を持っておられます。生物的な性別とは区別される、文化的、社会的に形づくられた性差＝ジェンダーを根拠とした不当な差別は撤廃されるべきだ、という理念です。

ところが、今の皇位継承順序を規定しているのは、敬宮殿下が「女性だから」というだけの理由で皇位継承資格を否定する、まさにジェンダー平等の〝対極〟にあるルールです。秋篠宮家がジェンダー平等を重んじようとされていることは、さまざまな事実から知ることができます。

よく知られているのは、佳子《かこ》内親王殿下がガールスカウトの行事に毎年、ご臨席になり、挨拶をされてることでしょう。令和5年（2023）10月22日に行われた「ガールズメッセ2023」でも、次のようなメッセージを発信されていました。

「今後、ジェンダー平等が達成されて、誰もが安心して暮らせる社会になることを、誰もがより幅広い選択肢を持てる社会になることを、そしてこれらが当たりまえの社会になることを心から願っております」

ジェンダー平等という価値観を前面に打ち出されたメッセージです。

ジェンダー平等を重んじる秋篠宮家の価値観

また、ジャーナリスト・江森敬治氏の著書『秋篠宮』（令和4年）にも秋篠宮家を支える皇嗣職《こうししょく》という組織について、ジェンダー平等の観点から大胆な改革が行われた事実が紹介されています。

男性職員なら「侍従《じじゅう》」、女性職員なら「女官《にょかん》」というこれまでの呼び方をやめて、男女とも「宮務官《きゅうむかん》」に統一されました。しかも呼び方を変えただけでなく、トップに位置する〝皇嗣職大夫《だいぶ》〟や〝宮務官長〟などに、女性を任用することも考えておられると言います。性別による仕事の仕分けも取りやめました。《仕事面で男女の区別をなくすということは、先例を重んじる宮内庁の組織にあっては、かなり思い切った改革だ》（江森氏）

秋篠宮殿下のジェンダー平等へのお考えは本気だと思えます。さらにこんな場面もありました。

秋篠宮、同妃両殿下が令和5年（2023）5月に行われた英国のチャールズ新国王の戴冠式に出発された時のことです（5月4日）。秋篠宮邸の玄関前で、佳子殿下と悠仁殿下がご一緒にご両親のお見送りをされました。ご両親を乗せたお車が遠ざかって、おふた方が玄関をお入りになる場面をカメラが映し出していました。自然な流れで、お姉さまの佳子殿下が先にお入りになり、その後から弟宮の悠仁殿下がお入りになる、という順番でした。これを考え方が古い男系主義者が見ていたら、違和感を覚えるかもしれません。皇位継承順位が第2位の悠仁殿下より先に、皇位継承資格を持っていない佳子殿下が先に入るとは何ごとか、と。しかし、このような振る舞いがごく自然にできるということが、ジェンダー平等を重んじる秋篠宮家の家風にほかならないでしょう。

●憲法に掲げられている「天皇の国事行為」

①国会の指名にもとづき内閣総理大臣を任命する
=第6条第1項

②内閣の指名にもとづき最高裁判所の長官を任命する
=第6条第2項

③憲法の改正、法律、政令、条約の公布=第7条第1号

④国会の召集=第7条第2号

⑤衆議院の解散=第7条第3号

⑥総選挙の公示=第7条第4号

⑦国務大臣、法律の定めるその他の官吏の任免、
全権委任状や大使・公使の信任状を認証する
=第7条第5号

⑧大赦・特赦、減刑、刑の執行の免除や復権（つまり恩赦）を認証する=第7条第6号

⑨栄典の授与=第7条第7号

⑩批准書、法律の定めるその他の外交文書
（たとえば大使・公使の解任状など）を認証する=第7条第8号

⑪外国の大使・公使の接受=第7条第9号

⑫儀式（たとえば即位の礼など。毎年恒例の行事では
1月1日の新年祝賀の儀）を行う=第7条第10号

⑬国事行為の委任とその解除=第4条第2項

皇太子が不在のままなら次代への受け継ぎに支障が生じる

憲法が指定する公務＝国事行為

今のように「皇太子」が不在だと、天皇の役目が次の時代にスムーズに受け継がれるか、という懸念が生まれます。そこで改めて天皇の役目を振り返ると、大きく3つに整理できると思います。その1は、憲法に定められている国事行為（142ページ参照）です。その2は、「国民統合の象徴」としての公的なご活動です。その3は、皇室の神聖な祭祀《さいし》です。

まずは国事行為から。具体的には憲法第4、6、7条に規定されています。13種類あって、内閣総理大臣と最高裁判所長官の任命や憲法改正・法律の公布、国会の召集など、立法・行政・司法の三権にわたり、国家統治のうえで最も大切な事項がほとんど網羅されています。その意味で憲法上、「天皇」は国家にとって最も重要な機関であると言えます。だからこそ、憲法の冒頭、〝第1章〟に一括して関連条項がまとめられている、という特徴的な構成になっているのでしょう。

これは天皇が「日本国の象徴」＝国家の公的秩序の頂点であることに基づくお務めと言えます。これについては憲法の明文規定があるので、たとえ皇太子が不在でも次代への継承に決定的な支障は生まれにくいかもしれません。ただし国事行為の場合は、国民との具体的な接点がほとんどありません（例外は即位関連行事の中の祝賀パレード「祝賀御列《おんれつ》の儀」ぐらいか）。

「国民統合の象徴」としての役目

だからその2として、国民に寄り添ってくださる、という大切な公的ご活動があります。これは国事行為とは異なり、憲法上の義務ではありません。

しかし、憲法は天皇が「国民統合の象徴」であるべきことを規範として要請しています。これに対して自らその要請にお応えになるべく、ご自身の自発的なご意思によって行われてきたことです。

政治にタッチしない範囲で、象徴に求められる不偏不党、公正中立といったラインに配慮されながら、これまで最善の努力を続けてくださっています。たとえば、被災地へのお見舞いや障害者スポーツ振興のためのお取り組みなどのご努力を、黙々と続けてこられました。天皇陛下がおっしゃる「国民の中に入っていく皇室」の実践です。先ほど少し触れた、毎年各地にお出ましになる「全国植樹祭」「国民スポーツ大会」「全国豊かな海づくり大会」「国民文化祭、全国障害者芸術・文化祭」（4大行幸啓）なども、ここに分類できます。

「国民統合の象徴」＝国民結合の中心として、国民を広く包摂《ほうせつ》され、政治や法律だけでは対応しきれない分野ややり方で、人々を元気づけ、社会の分断や対立を緩和する、地道なご努力です。これらについては国事行為と違って、国民との心のつながりや、相互の敬愛と信頼が何より重要です。

したがって、天皇のなさりようや、その心がまえをおそばで真剣に学びながら、国民との共感と信頼を深めていくプロセス自体が大切でしょう。この点で、皇太子が不在ということは、天皇から「常に国民と共にある自覚」を深く学び、受け継がれるためには大きなマイナスになるでしょう。

天皇の祭祀とは？

その3の皇室祭祀は、皇室の祖先神・天照大神《あまてらすおおみかみ》の系統と精神を正しく受け継ぐ立場による、聖なるお務めです。

国民の目に止まる機会はあまりありません。しかし歴史上、公的な秩序における頂点に位置づけられ続けてきた「天皇」という地位にありながら、常にご自身よりも〝上位〟の存在の前で、心身を清め、こうべを垂れて、謙虚にお仕えするという体験を、日常的に繰り返すところに、祭祀の大切な意味があります。普段にもまして清浄かつ無私なご心境を、具体的な作法を通して反復して経験されることは、天皇として欠かせないご経験でしょう。

皇室祭祀はおもに次の3つから構成されています。

① 宮中祭祀《きゅうちゅうさいし》＝皇居の中にある賢所《かしこどころ》・皇霊殿《こうれいでん》・神殿《しんでん》（宮中三殿《きゅうちゅうさんでん》）と神嘉殿《しんかでん》で行われる（196～197ページ参照）。

② 山陵祭祀《さんりょうさいし》＝各地にある神武《じんむ》天皇をはじめ過去の天皇の御陵《ごりょう》（山陵）で行われる。

③ 勅祭《ちょくさい》＝伊勢の神宮と、全国に16社ある皇室とゆかりの深い神社（勅祭社《ちょくさいしゃ》、152ページ参照）に、天皇の特使である勅使《ちょくし》を公式に派遣し、たてまつりものを供える。

これらのうち、①がフォーカスされることが多いのですが、②③も大切な天皇の祭祀です。皇室祭祀は皇居の中だけにとどまらないということです。

宮中祭祀としては、大祭《たいさい》と小祭《しょうさい》とそのほかを含めて、年間で24ほどの祭典や行事が行われます。また毎月１日、11日、21日に行われる旬祭《しゅんさい》は、おもに侍従がご代拝《だいはい》にあたりますが、１日は天皇ご自身がお出ましになります。

さらに式年祭《しきねんさい》という、天皇が亡くなられて決まった年ごとにその崩御《ほうぎょ》相当日に行われる祭祀もあります。たとえば、平成28年（２０１６）には「神武天皇二千六百年式年祭」があり（４月３日）、上皇、上皇后両陛下がおそろいで奈良県橿原《かしはら》市の神武天皇陵までお出ましになって祭典が執り行われました。令和６年（２０２４）は、懿徳《いとく》天皇二千五百年（10月１日）、平城《へいぜい》天皇千二百年（８月９日）、後宇多《ごうだ》天皇七百年（７月24日）、後亀山《ごかめやま》天皇六百年（５月19日）の式年祭が、それぞれ皇霊殿で行われました。この時は敬宮殿下もすべてに参列されています。そればかりか、事前にそれぞれの天皇のご事蹟について、天皇、皇后両陛下とご一緒に歴史学者からご進講を受けられました。

皇太子不在は祭祀の継承にマイナス

皇室祭祀の〝継承〟という観点から考えると、皇太子の不在という現実は深刻なマイナスになります。皇室祭祀の中心はもちろん天皇ご自身です。天皇は心身を清め、古式の装束を身にまとって、宮中三殿の殿内でうやうやしく御告文《おつげぶみ》を読まれたり、拝礼をされたりします。

皇太子（皇嗣）も同じく殿内で拝礼をされます。それによって、長年にわたり祭祀の体験を天皇と共有できるのです。この貴重な経験を通して、天皇の後継者として、単に祭祀の作法だけでなく、大切な心の持ち方も学んでいかれます。

ところが、傍系の皇嗣の場合はどうなるでしょうか。ご本人自身は皇太子と同じ経験を積まれます。しかしすでに述べたように、おそらくご本人は皇位を継承されない可能性が高いのです。

そうすると、どうなるでしょうか。皇嗣に皇位継承資格を持つお子さまがおられても、その方は皇太子、皇嗣ではありません。なので、殿内で天皇と祭祀の体験を共有するという歳月を重ねることは、できません。ご成年後も、三殿の外の庭上にある幄舎《あくしゃ》と呼ばれる建物にいらっしゃって、ほかの皇族方とご一緒にモーニング姿で参列され、祭典の最後に三殿正面の階段下まで進んで、三殿の〝外から〟拝礼をされるだけです。これをあえて一般の神社の例でたとえれば、天皇、皇太子（皇嗣）が神社の本殿で奉仕する神職に近いとすれば、一般の皇族は拝殿でお参りするだけの普通の参拝者にあたる、と言えるのではないでしょうか。祭祀において、それだけの体験の〝質の違い〟が、実際にあるのです。年月がたてばたつほど、体験の違いは大きな差になります。

秋篠宮殿下は現在、妃殿下とご一緒に熱心に祭祀に携わっておられます。しかし、ご高齢になって即位を辞退される場合、今の皇位継承ルールのままでは、三殿内での祭祀の体験がほとんどない悠仁殿下が即位されることになります。それによって、天皇としていきなり皇室祭祀の〝ど真ん中〟に立たれることになります。それで果たして、大切な皇室祭祀が精神も含めてつつがなく継承されるのでしょうか。

皇室の丁重で神聖な祭祀を継承するためには「皇太子」が大切

天皇の特別に丁重な拝礼作法

ご参考までに、祭祀の具体的な様子を一部だけ、ご紹介しましょう。

天皇のご装束は、おもに黄櫨染御袍《こうろぜんのごほう》という天皇だけがお召しになれる、特別なご装束です。

頭にかぶる冠《かんむり》も特別なものです。冠には纓《えい》と呼ばれる飾りがついています。普通の冠はその纓が後ろに垂れています。これを垂纓《すいえい》といいます。ところが天皇の冠だけは、その纓がまっすぐに立っています。なので立纓《りゅうえい》といいます。この立纓の冠をかぶることができるのは天皇おひと方だけです。

ちなみに、3月3日のひな祭りに飾る〝内裏《だいり》びな〟は天皇がモデルです。なので、その冠は立纓になっています。そもそも内裏というのは天皇のお住まい（皇居）をさす言葉です。

さて、天皇のご拝礼は一般の神社の作法と比べて、はるかに丁重です。神社の場合は、「座礼《ざれい》」という正座《せいざ》して二礼二拍手一礼を行う作法か、あるいは「立礼《りゅうれい》」という立ったまま二礼二拍手一礼を行う作法で行われます。もちろん、これでも十分に丁重な作法でしょう。

ところが天皇は、それよりはるかに丁重な「起拝《きはい》」というご作法です。これは、皇室祭祀のお手伝いをする掌典長《しょうてんちょう》（掌典職の長）から御玉串《おんたまぐし》（大きめの榊《さかき》の枝に紅白の絹をつけたもの）を渡され、↓それをお手に持たれたまま拝礼をされ、↓再び御玉串を掌典長に戻されますと、それを掌典長から女性の奉仕者である内掌典《ないしょうてん》に渡し、↓内掌典が殿内でも最も神聖な空間である「内々陣《ないないじん》」に祀《まつ》るご神体《しんたい》の前に立てる（これを立て玉串という）……という流れの中でのご作法です。

天皇は正座のご姿勢から、渡された御玉串の根もとを両手で持たれたまま、右足よりお立ちになり、いったん両足をそろえられます。御玉串をお身体の前に捧げて姿勢を正され、それを下ろして腰を折られます。上体を前に傾け頭を下げて拝をしながら、左足をすりつつ後ろにひき、膝を床につけ、両膝をそろえ正座になられ、そのままのご姿勢で深く伏せられます。

お身体の全体を使ったご拝礼です。これ以上に丁重なご作法は考えにくいのではないかと思われるほどの、へりくだったご作法です。それを正座のご姿勢から再び繰り返されます。二度目に深く伏せられた後、正座に戻られると、そのまま頭を下げられ、深く祈りを込められます。その後、同じく起拝を二度繰り返されます。間に深く頭を下げられる作法（深揖《しんゆう》）をはさんで、前段に2回、後段に2回、それぞれ起拝を繰り返されるので、これを「両段再拝《りょうだんさいはい》」といいます。古式の装束を身につけられたうえでのこのご作法は、身体的にもかなりご負担が大きいでしょう。

賢所での神秘な「御鈴の儀」

さらに、宮中三殿の中央に建てられている天照大神《あまてらすおおみかみ》を祀る賢所では、「御鈴《みすず》の儀」という神秘な儀式があります。天皇が賢所において神に供える御玉串を捧げられると、内掌典が内々陣の御簾《みす》の内側に下げられた、鈴につながる太綱を引きます。すると16個の鈴が一斉に鳴ります。

ご神体がふたつあるので、一の御座《ぎょざ》で30回、二の御座で30回、また一の御座で31回と、合計91回、鈴を鳴らすことになっています。これが御鈴の儀です。

その間、天皇はずっと床に伏せた平伏《へいふく》のご姿勢のままです。およそ10分間、装束をつけて平伏し続けるというのは、身体的にもかなり大きなご負担でしょう。立纓の冠ですから、纓の先端が床に触れるそうです。祭祀の中でも最も神秘な時間でしょう。

この御鈴の儀は、兼好法師《けんこうほうし》の『徒然草《つれづれぐさ》』にもすでに記事が見えています。《内侍所《ないしどころ》の御鈴の音《おと》はめでたく優《ゆう》なるものなりとぞ徳大寺太政大臣《とくだいじのおおきおとど》はおほせられける》（第23段）と。これは京都時代の内侍所＝賢所でのエピソードですが、「めでたく優なるもの」ということは、今も変わっていないでしょう。涼やかな鈴の音色が神の声のように聞こえるといいます。

御鈴の儀は、天照大神を祀る賢所だけで行われます。この時間は天皇ご自身にとって、祖先神とされる天照大神の存在がとりわけ近くに感じられる場面なのかもしれません。

令和の皇室に皇太子を

さて、このように神聖な祭祀が、次の時代にもつつがなく継承されるためには、何が必要でしょうか。天皇の〝次の世代〟を担うべき「皇太子」が、天皇のおそば近くで祭祀の体験を共有される歳月を重ねられるということが、大きな意味を持つはずです。

これは祭祀の継承に限りません。

国事行為は、国家統治の面では憲法上最も重大な意味を持ちます。しかし、摂政による全面的な代行も可能です。次代への継承という点では、先にも述べたように、おそらく皇太子が不在でも決定的なマイナスは少ないのではないでしょうか。

ところが、「国民統合の象徴」として国民に寄り添ってくださるというご活動はどうでしょうか。やはり天皇のおそばで、天皇が国民に向けておられるお気持ちを身近に感じて、ご自身もそれを身につけられる、というご経験が何より大事でしょう。

また国民の側としても、天皇とのご血縁が最も近く、天皇の近くで暮らしておられる方が、天皇と同じようなお気持ちを示してくだされば、おのずと信頼や共感が育つのではないでしょうか。それがまさに「皇太子」という立場です。にもかかわらず、令和の皇室に皇太子が不在ということは、皇室にとっても国民にとっても大切なものが、残念ながら次の時代に継承しにくいことを意味します。

しかし、すでに繰り返し述べてきたように、天皇陛下には素晴らしいお子さまが現にいらっしゃいます。敬宮殿下です。もし敬宮殿下が「皇太子」におなりになれば、国事行為の継承はもちろん、象徴としての公的なご活動も神聖な祭祀も、何よりも「国民と苦楽を共にする」という最も大切な精神も、ゆるぎなく次の時代へと受け継がれることでしょう。多くの国民はそのように信じているのではないでしょうか。

次の章では、将来に向けて受け継がれるべき皇室の存在意義について考えます。

●皇室とゆかりの深い神社（勅祭社《ちょくさいしゃ》）

○賀茂御祖《かもみおや》神社（下鴨神社）／京都市
　祭神《さいじん》＝賀茂建角身命《かもたけつぬみのみこと》、玉依姫命《たまよりひめのみこと》

○賀茂別雷《かもわけいかずち》神社（上賀茂神社）／京都市
　祭神＝賀茂別雷大神《かもわけいかずちのおおかみ》

○石清水八幡宮《いわしみずはちまんぐう》／京都府八幡市
　祭神＝誉田別尊《ほんだわけのみこと》（応神天皇《おうじん》）、比咩大神《ひめおおかみ》、神功皇后《じんぐう》

○春日大社《かすがたいしゃ》／奈良市
　祭神＝武甕槌命《たけみかづちのみこと》、経津主命《ふつぬしのみこと》、天児屋根命《あめのこやねのみこと》、比売神《ひめのかみ》

○氷川《ひかわ》神社／さいたま市
　祭神＝須佐之男命《すさのおのみこと》（素戔嗚神《すさのおのかみ》）、稲田姫命《いなだひめのみこと》、大己貴命《おおなむちのみこと》

○熱田《あつた》神宮／名古屋市　祭神＝熱田大神《あつたのおおかみ》

○橿原《かしはら》神宮／奈良県橿原市
　祭神＝神武《じんむ》天皇、媛蹈鞴五十鈴媛命《ひめたたらいすずひめのみこと》

○出雲大社《いずもおおやしろ》／島根県出雲市　祭神＝大国主大神《おおくにぬしのおおかみ》

○明治神宮／東京都渋谷区　祭神＝明治天皇、昭憲《しょうけん》皇太后

○靖国《やすくに》神社／東京都千代田区
　祭神＝幕末から先の大戦までの国事殉難の英霊 246 万余柱

○宇佐《うさ》神宮（宇佐八幡宮）／大分県宇佐市
　祭神＝応神天皇（誉田別尊）、比売大神、神功皇后

○香椎宮《かしいぐう》／福岡市
　祭神＝仲哀《ちゅうあい》天皇、神功皇后、応神天皇、住吉大神《すみよしのおおかみ》

○鹿島《かしま》神宮／茨城県鹿嶋市　祭神＝武甕槌大神《たけみかづちのおおかみ》

○香取《かとり》神宮／千葉県香取市　祭神＝経津主大神《ふつぬしのおおかみ》（伊波比主命《いわひぬしのみこと》）

○平安神宮／京都市　祭神＝桓武《かんむ》天皇、孝明《こうめい》天皇

○近江《おうみ》神宮／滋賀県大津市　祭神＝天智《てんじ》天皇

・これらのうち「勅使の差遣」は、靖国神社だけが 1 年に春秋二度、鹿島神宮と香取神宮が 6 年ごと、宇佐神宮と香椎宮が 10 年ごと、ほかは毎年一度ずつとなっています。

第5章

これからますます大切になる皇室

未来に向けた存在意義

天皇、皇室をめぐる制度はなぜ必要なのか？

目の前の危機は深刻だが解決方法は簡単

日本人にとって天皇、皇室とはいったいどのような存在でしょうか。

「天皇」というわが国独自の君主号が成立したのは、112ページで示したように7世紀のはじめ、608年だった可能性が最も高いでしょう。それからすでに1400年以上の歳月が流れています。皇室の血統はそれよりさらに古くさかのぼります。

その間に国の姿は変わり、天皇のあり方もさまざまに変化してきました。律令体制から摂関政治、院政、武家社会、近代国家など。でも、これまで日本人はずっと天皇という地位を維持してきました。わが国の歴史は天皇とともにあったと言えるでしょう。

今の憲法でも冒頭の第1章は、すべて天皇にかかわる規定（第1〜8条）です。それだけ重い地位を、天皇は現代の日本でも占め続けています。

これまで天皇、皇室が長く続いてきたからといって、これからも長く続いていくとは限りません。現に、皇室が今後も存続できるかどうかという危機が、目の前に迫っています。でも、ここで誤解してはならないことが、ひとつあります。目の前の危機は深刻ですが、その解決方法はいたって簡単だということです。

幸いにも天皇、皇后両陛下にお子さまがいらっしゃいます。多くの国民から敬愛と共感が寄せられている敬宮《としのみや》殿下です。この方が次の天皇として即位できるように皇位継承ルールを変える。それだけで、皇室が直面している危機はいともたやすく打開できるのです。

この変更は、女性を重んじてきた本来の「日本らしさ」を取り戻し、世界の一夫一婦制の君主国がほぼ例外なく取り入れているルールを、普通に採用するにすぎません。女性も君主になれて、そのお子さまがその地位を当たり前に継承できる、というルールです。

現代の日本人は、天皇、皇室を維持するためにそんなたやすいルールの変更すらできないほど、劣化してしまったのでしょうか。私はそうではないと信じたいと思います。

天皇、皇室をめぐる制度はなぜあるか？

そもそも、現代日本に天皇、皇室をめぐる〝制度〟があるのは、なぜでしょうか。これについては、憲法学者で東京都立大学大学院教授の木村草太氏が明快な説明をされています（『週刊朝日』令和4年1月7日・14日合併号）。同氏によれば、「なぜ、日本国憲法は天皇制を置いたのか」という問いに対する回答は、次のふたつに整理できるといいます。

《ひとつの説明は、「国民主権を邪魔しないように天皇の歴史的権威を封じ込めるためだ」という消極的な説明だ》

まず、「消極的な説明」は次のようなロジックです。

《もしも憲法に天皇制の定めがなければ、天皇家は単なる民間団体のひとつにすぎなくなる。天皇家の家長つまり「自称天皇」を決めて、「自称天皇を党首とする政党」を作ったり、選挙の候補者に「自称天皇の公認」を出したりしても、憲法や法律は制限できない》

《しかし、自称とは言え、天皇は強い権威を発揮する可能性がある。これでは、国民主権に基づく統治はかく乱される危険があろう》

《そこで、憲法に天皇制を定め、天皇の行為に内閣の助言と承認を必要とすることで、コントロールする。そうすれば、天皇の権威は内閣と、それを信任する国会によって封じ込められる》

多くの人にとって、少し想定外な説明の仕方に感じられるかもしれません。でも改めて考えてみると、天皇、皇室が日本の社会の中で公的な制度からまったく離れて位置すれば、どうなるか。海外資本も含めてポータルサイトやメディアなど、さまざまな団体や勢力が近づいて、政治・ビジネス・宗教など広範囲の分野において、想像を絶するような社会的・心理的影響力を発揮しかねないでしょう。それが、「国民主権」を建前とする政治の姿に変形を加える可能性も、否定できないかもしれません。その意味では、「消極的な説明」にも一理あるのでしょう。

国民主権を補完する？

次に、木村草太氏が言う「積極的」な説明はこんなロジックです。

《第二の説明は、「国民主権で足りない部分があるから、天皇の権威で正統性を補完している」と

いうもの。これは、天皇制を積極的に活用しようとする説明だ》

《国民の多数派やその代表が何かを決定したとしても、それは「正しくない」と感じる人は当然でてくる。ただ、天皇が国事行為を行うことで、「天皇陛下が行ったことなのだから」という形で納得する人もいるだろう》

《この説明は、「国民主権は正統性調達原理として頼りない」という判断を前提にしている。したがって、天皇の不在は統治の危機であり、天皇制存続に全力を尽くさねばならない。また、存続方法は天皇の権威を維持するにふさわしい方法でなければならない》

これも分かりやすい説明でしょう。たとえば国会で法律を議決する場合でも、ほぼ必ず一定数の反対は避けられません。でも多数決で可決されれば受け入れざるをえない。可決された法律を、与党側にも野党側にも偏らない、憲法上、唯一「主権の存する日本国民の総意に基く」とされる地位にある天皇が〝公布〟されることで、初めて法的効力を持つ……というのは、人々の納得を「調達」しやすい仕組みかもしれません。

単なる多数決を超えて、政治のうえで対立するどの勢力にも属さない、と人々が安心して信じられる権威ある立場をどこかに設けておくことは、貴重な知恵とも言えるでしょう。とくにわが国の場合、「天皇」という地位は古代統一国家が確立して以来、一貫して公的秩序の頂点に位置し続けてきたという来歴に根拠を持つ、権威と正統性があります。

「国民」というまとまりの基礎を支える天皇、皇室

二者択一ではない

ここまで、木村氏の分かりやすい説明を紹介しました。私なりに少しコメントを加えておきます。木村氏は、「消極的」と「積極的」というふたつの説明を整理したうえで、「国民はいずれの説明をとるだろうか」と二者択一的に問題を設定されています。しかし、これはにわかに賛同できません。というのは、憲法の実際の規定の仕方を見ると、制度のあり方としては「消極的」と「積極的」のどちらも、採用しているように見えるからです。

たとえば天皇の国事行為には「内閣の助言と承認」が不可欠とされています（第3条）。また「国政に関する権能を有しない」ともされています（第4条第1項）。これらは明らかに「消極的」な観点からの規定でしょう。

ところが一方で、国事行為の具体的な中身を覗《のぞ》くと「積極的」な観点での規定としか思えません。立法・行政・司法の三権の長のうちのふたり、内閣総理大臣と最高裁長官は天皇から「任命」されます（第6条）。ただし、それぞれ前者は国会の指名、後者は内閣の指名による、というのは「消極的」規定でしょう。

そのほかにも、憲法改正や法律などを「公布する」、国会を「召集する」、衆議院を「解散する」、

国務大臣の任免を「認証する」など、もちろんすべて内閣の助言と承認による国事行為という縛りのもとながら、国家の統治について最も重要な事項が、天皇を〝主語として〟ほぼ網羅されています。これらは、天皇の権威を「積極的に活用」する制度と言うほかないでしょう。

だから、「いずれの説明をとるだろうか」という単純な二者択一で考えることはできないでしょう。

天皇、皇族は「国民」説から「特別な存在」説へ

しかも時間の経過という視点も必要です。

今の憲法が制定されてから長い歳月が流れました。明治の帝国憲法が制定から半世紀あまりで現憲法に改められました。それに対して、今の憲法が施行されてからすでに80年近くが過ぎています。期間としては、こちらのほうがはるかに長いのです。

その間に、憲法自体は変わらなくても、解釈と運用の面で力点の移動があったようにも感じられます。端的にいえば、「消極的」から「積極的」へのゆるやかなシフトを、想定できるのではないでしょうか。

たとえば、古い憲法学説では天皇、皇族も「国民」に含まれるとしていました（宮沢俊義氏・佐藤功氏・芦部信喜氏ら）。これに対して、天皇は国民と区別されるが皇族は国民、という折衷的な理解もありました（伊藤正己氏）。しかし今や、天皇、皇族ともに国民とは区別された「特別な存在」とするのが、多数説でしょう（佐藤幸治氏・長谷部恭男氏など）。

以前の通説は、帝国憲法のもとでの天皇、皇族のあり方に対する強い反発が、ベースにあったように感じます。それに対して、今の憲法のもとで時間が経過していくうちに、実際の社会の中での天皇、皇族の位置づけ方の実情に照らして、それらの方々を国民に含ませるのは、いかにも現実離れした無理な解釈だと納得できるようになったのだと思います。

それは、「消極的」な説明から「積極的」な説明への力点の移動ともある程度、パラレルに対応した変更だったのではないでしょうか。

「国民」を成り立たせる基礎

さらに、木村氏の議論で抜け落ちている視点があるように感じます。それは、〝国民主権〟が成り立つ基礎である「国民」というまとまりを、当然の前提のように見ていることです。人類一般の中から、特定の人々の集団だけが「国民」として、ほかの人々から区別して位置づけられ、しかも〝そのまとまり〟が大きな動揺もなく維持されることは、必ずしもたやすい事柄ではないはずです。

それをもし、当たり前のことのように錯覚しているとしたら、それはその人がたまたま属している「国民」というまとまりが、激しい分断や混乱をまぬがれているという思いがけない幸運に、本人が気づいていないためではないでしょうか。

国民をひとまず、〝同じ国家を担う統合された人々の集まり〟と、定義しておきましょう。その場合、具体的にわが国において、「国民」という共同性を成り立たせ、いちじるしい変動もなく維持するのに、さまざまな条件の中でとりわけ大きな意味を持つ存在とは何でしょうか。

この問いへの回答を、憲法は冒頭の第1条に書き込んでいます。

「天皇は、日本国の象徴であり日本国民統合の象徴であって、この地位は、主権の存する日本国民の総意に基く」と。

少なくとも憲法による限り、天皇、皇室をめぐる制度の最大の目的は〝国民主権〟を成り立たせる前提である「国民」というまとまりを、大きな動揺なく維持することではないでしょうか。

今の日本では、価値観や生活スタイルが多様化し、経済的・社会的な分断が深まっているように見えます。そのうえ、グローバル化という動きもあります。そうした中で「国民」というまとまりを維持することは、じつは困難をともなうはずです。

一般に国民というまとまりにとって、長い由緒や来歴を背景に、卓越した統合力、求心力をそなえた結集点があれば、それは恵まれた条件と言えるでしょう。わが国の場合は、天皇、皇室という存在がややもすると自明視されがちですが、改めて振り返って有利なポジションを与えられている事実に気づくべきではありませんか。

「同じ国民」という自覚が民主主義を成り立たせる

国民なくして国民主権なし

　そもそも「国民という共同性」をなぜ維持する必要があるのでしょうか。

　答えは簡単です。先ほども触れたように、〝国民主権〟が成り立たなくなるからです。国民なくして国民主権なし。当たり前ですね。国民というまとまりに支えられてこそ、現代の「国民国家」は存立できます。その国民国家によって、国民は安全保障、治安維持、社会保障、インフラ整備などのメリットを受け取ることができます。すべての前提は「国民という共同性」です。

　たとえば、具体的に民主主義が機能しなくなります。民主主義は最もシンプルに言うと、《人びとが国家権力に参加すること》（小室直樹氏『悪の民主主義』）と定義できるかもしれません。

　しかし、その場合に《人びとが国家権力に参加する》動機づけは、どこから生まれるのでしょうか。人々が自分のお金もうけや趣味、楽しみなどの傍《かたわ》らで、投票そのほか政治にわざわざコミットするモチベーションは、どこからくるのでしょうか。

　その国家が、自分たち国民が担っている〝自分たちの国家〟であるという意識が、たとえうっすらとでも、どこか頭の中にあるからではありませんか。その意識がまったくなくなれば、人々は誰も政治にコミットしないし、《国家権力に参加する》ことはなくなるのではありませんか。それでは民主主義は成り立ちません。自分自身の利害に直接かかわりのない政治的なテーマでも、広い意味で自分の〝仲間である〟国民にかかわることだと思うからこそ、関心を向けるのではありませんか。そもそも同じ国民、同じ仲間だという意識がなければ、「多数決」すら成り立たなくなる可能性があります。民主主義の土台は多数決でしょう。選挙も多数票を集めた候補者が議員の資格を手に入れます。議会でも多数の賛成によって法律や条例が成立し、予算案も通ります。その多数決が成り立つための条件を、憲法学者で東北大学名誉教授だった清宮四郎氏が10項目にわたって整理していました（「多数決の前提条件」初出は昭和43年、『憲法と国家の理論』令和3年刊）。そこで興味深い指摘がされています。

民主主義の土台は「同じ国民」という自覚

多数決を成り立たせるいくつかの条件が列挙される中でとりわけ大切なのは次の項目でしょう。
《参加者の間に、意見の対立が見られても、根底において、精神的同質性または共通性が存在すること》

少し難しい表現と感じる人がいるかもしれません。でも、この条件がなかった場合を想像してみてください。その場合は、おそらく少数派として自分たちの意見が葬り去られたら、その結果を素直に受け入れようとしないのではないでしょうか。「こんな結果は認めない」と。

多数決が成り立つ最低限の条件は、必ず出てくる〝自分たちの意見を否定された少数派〟が、その結果をきちんと受け入れることです。これは当たり前のようでいて、じつは当たり前ではないでしょう。自分たちと意見や立場が対立した多数派も、少数派の自分たちと〝同じ仲間〟である、という「精神的同質性または共通性」、ギリギリの共同意識が不可欠なはずです。

清宮氏は次のように説明します。

《多数決によって問題を解決しようとする、全体としての集団においては、「各成員間の意見の対立にもかかわらず、しかもその根源においては、基礎的な利益の同質性が、すなわち、たとえば国にあっては国民的利益や国民的連帯性の共通的な認識といったものが、大前提となっていなければならぬ」》（「」の中は和田英夫氏「公法における多数決原理」『日本法哲学年報　１９６１』昭和37年刊からの引用。傍点は原文のママ）。

国家レベルの問題に対して、民主主義の土台となる〝多数決〟を成り立たせるのは何でしょうか。「国民的利益や国民的連帯性の共通的な認識」、つまり先に触れた「国民という共同性」でしょう。「国民主権、民主主義の前提はまさに「国民という共同性」そのものです。その統合された「国民」は、放っておいても自然に形づくられるようなものでは、決してありません。自明の与件なんかではないのです。自覚的に成り立たせ、維持すべきものです。

わが国において、その「国民」を成り立たせ、維持するうえで大きな役割を果たし、それを期待されているのが憲法上も、歴史上も天皇、皇室……という位置づけになるのではないでしょうか。

東日本大震災の時に国民の気持ちをまとめた「天皇」

ところで天皇、皇室ご自身が、自ら果たすべき役割を深く自覚しておられる事実に、目を向けなくてはなりません。たとえば、平成23年（２０１１）の東日本大震災の時のことを思い返してみましょう。震災が起きたのは3月11日でした。そのわずか5日後に、上皇陛下（当時は天皇陛下）からビデオメッセージが発表されました。まったく異例のことでした。

その中で、上皇陛下は次のように語りかけておられました。

「被災者のこれからの苦難の日々を、私たち皆が、様々な形で少しでも多く分かち合っていくことが大切であろうと思います。被災した人々が決して希望を捨てることなく、身体を大切に明日からの日々を生き抜いてくれるよう、また、国民一人びとりが、被災した各地域の上にこれからも長く心を寄せ、被災者と共にそれぞれの地域の復興の道のりを見守り続けていくことを心より願っています」

このおことばが現地の人たちをどれだけ元気づけたことでしょうか。また被災地以外に住んでいる多くの人々が、まさに「同じ国民」として被災者に心を寄せる、大きな後押しになりました。

この時は、昭和天皇による終戦の時のラジオを通じた「玉音《ぎょくおん》放送」（昭和20年＝１９４５＝8月15日）以来の、〝平成の玉音放送〟という受け止め方がなされました。これによって国民の心がひとつにまとまりました。しかも上皇陛下ご自身が国民の先頭に立たれて、被災者の「苦難を分かち合う」ご努力を重ねられました。被災者への直接のお見舞いが、現地の実情を慎重に見極めながら以下のように続けられました。

東京武道館（平成23年＝2011＝3月30日）、埼玉県加須市《かぞ》（同4月8日）、千葉県（同4月14日）、茨城県（同4月22日）、宮城県（同4月27日）、岩手県（同5月6日）、福島県（同5月11日）。

極めてハードなスケジュールでした。被災に近いタイミングの場合は、現地に負担をかけないように遠くでも原則として日帰りをされます。このことも、お疲れを増やす原因になっています。

●上皇陛下の ハンセン病療養所ご訪問

○昭和43年（1968）7月
国立療養所奄美和光園／鹿児島県

○昭和47年（1972）9月
国立療養所星塚敬愛園／鹿児島県

○昭和50年（1975）7月
国立療養所沖縄愛楽園／沖縄県

○昭和52年（1977）7月
国立療養所多磨全生園／東京都

○昭和52年（1977）10月
国立療養所松丘保養園／青森県

○昭和62年（1987）8月
国立療養所栗生楽泉園／群馬県

○平成3年（1991）3月
国立療養所多磨全生園／東京都（2回目）

○平成15年（2003）11月
国立療養所奄美和光園／鹿児島県（2回目）

○平成16年（2004）1月
国立療養所宮古南静園／沖縄県

○平成16年（2004）10月
国立療養所大島青松園／香川県（別施設ご懇談）

○平成17年（2005）10月
国立療養所長島愛生園／岡山県
国立療養所邑久光明園／岡山県

○平成22年（2010）5月
国立駿河療養所／静岡県
（一財）神山復生病院／静岡県

○平成25年（2013）10月
国立療養所菊池恵楓園／熊本県

○平成26年（2014）7月
国立療養所東北新生園／宮城県

・昭和時代は皇太子としてのご訪問。
平成時代は天皇としてのご訪問。

被災者を包摂する現地へのお出まし

わざわざ被災者をお見舞いにお出ましになる上皇、上皇后《じょうこうごう》両陛下のお気持ちを、少しでも想像してみてください。お見舞いを受ける人たちは家を失ったり、仕事を失ったり、さらに家族までも失ったりして、ご本人も命からがら生き延びたような人たちです。

そのような人たちに、私たちはいったいどんな言葉をかけたらいいのでしょうか。どのように会えばいいのでしょうか。こちらが相手を思いやる気持ちを持っていればそれだけ、普通なら逆に会う勇気も出ないのではないでしょうか。

苦しむ人々と「共にある」という役割

上皇后陛下は東日本大地震があった平成23年（２０１１）のお誕生日に際しての文書回答の中で、次のようにおっしゃっていました。

「このような自分に、果たして人々を見舞うことが出来るのか、不安でなりませんでした。しかし陛下があの場合、苦しむ人々の傍《かたわら》に行き、その人々と共にあることを御自身の役割とお考えでいらっしゃることが分かっておりましたので、お供をすることに躊躇《ちゅうちょ》はありませんでした」

当時、すでに70歳代後半でいらした両陛下のご年齢を考えると、あまりにも厳しいご日程でした。そのようにまでされて、被災者を慰め励まそうとされるご姿勢から、「国民統合の象徴」としてのお務めを果たそうとされる、悲壮なまでの厳しいご覚悟が伝わりました。

被災された人たちは、両陛下のお見舞いを受けたことで、自分たちは日本の社会から見捨てられていない、切り捨てられていないということを、心から実感できたと言います。そのおかげで孤立感を持たず、絶望しないでいられた、とも。

上皇陛下は、この年の11月に19日間にわたり入院されました。さらに翌年、平成24年（2012）2月には、心臓の冠動脈バイパス手術を受けておられます。それらは、過酷なスケジュールで被災者をお見舞いされたご負担と無関係とは、考えにくいのではないでしょうか。

両陛下のお見舞いによって、深刻な災害で苦しみ悲しむ人たちも、自分たちが「国民」として包《ほう》摂《せっ》されていることを、リアルに感じとることができたはずです。このような役割は、どんな有力な政治家でも、有能な官僚でも、有名な芸能人でも、果たせないことでした。

原発事故があった福島県へのご配慮

当時の羽毛田信吾宮内庁長官は次のように述べていました。

「単にお見舞いの言葉をかけるだけでなく、心底思いやって、悲しみ、苦しみを共にする。心に重いものを負いながらの訪問であり、心のストレスは大きかったと思います。身体的負担もあるし、加えて通常のご公務の負担もありました」

大きな災害があって天皇陛下が被災者をお見舞いされると、おもにそちらばかりがフォーカスされて、見落とされがちになりますが、当たり前ながら日々のご公務自体はまったく減りません。そのご公務の隙間をぬって、お見舞いにお出ましいただいているのが実情です。

天皇、皇后両陛下が、令和6年（2024）の能登半島地震で石川県に繰り返しお見舞いのためにお入りになった時も、天皇陛下はお帰りになってからご執務にあたられています。当然ながら、そのご負担はさらに重いものになります。しかし、それが「国民という共同性」を根っこの部分で支える「国民統合の象徴」である天皇の責務である、と自覚されているのです。

東日本大震災では、福島県で原発事故も起こりました。それによって福島県はまたほかの県とは違う苦悩を背負うことになりました。

その福島県には、上皇陛下は震災後も繰り返しお出ましになっています。

①平成23年（2011）5月11日、福島市、相馬《そうま》市。
②同24年（2012）10月13日、川内村《かわうちむら》。
③同25年（2013）7月22、23日、飯舘村《いいたてむら》、福島市。
④同27年（2015）7月16日、桑折町《こおりまち》、福島市。
⑤同28年（2016）3月16日、三春町《みはるまち》。
⑥同30年（2018）6月9～11日、南相馬《みなみそうま》市（全国植樹祭も）。

ほぼ毎年お出ましになったことが分かります。②の時には、防護服をお召しにならないで除染の様子を熱心に視察されました。③では、住民が避難する中でも操業を続ける菊池製作所福島工場が、ご訪問先としてとくに指名されました。工場では、避難所から通勤する若い従業員たちに、直接お声をかけておられます。いたってこまやかなお心くばりでした。

平成時代の被災地へのお見舞い

ほかにも平成時代に、上皇、上皇后両陛下は大規模な自然災害があると、現地の事情が許すなるべく早い時点で直接、被災地にお出ましになられていました。さらにその後も、じつは繰り返し現地を訪れておられます。ここでは、その〝初回〟について掲げておきます。

○平成３年（１９９１）６月３日、雲仙《うんぜん》・普賢岳《ふげんだけ》大規模噴火。「安全宣言」がまだ出ていない同年７月10日に天皇として初めて被災地へ。
○同５年（１９９３）７月12日、北海道南西沖地震。７月27日に奥尻島《おくしりとう》をご訪問。
○同７年（１９９５）１月17日、阪神・淡路大震災。１月31日、神戸市、淡路島《あわじしま》などをお見舞い。
○同10年（１９９８）８月26～31日、福島・栃木両県豪雨災害。同11年（１９９９）９月13、14日に復興状況をご視察。
○同12年（２０００）３月31日、有珠山《うすざん》噴火。同15（２００３）年７月１日復興状況をご視察。
○同12年（２０００）６月26日、伊豆諸島北部群発地震。同13年（２００１）７月26日に新島《にいじま》と神津島《こうづしま》をご視察、三宅島《みやけじま》を上空からご視察。同18年（２００６）３月７日に全島避難から帰島後１年の三宅島をご訪問。

○同16年（２００４）10月23日、新潟中越地震。11月6日に被災地のお見舞い。
○同17年（２００５）3月20日、福岡県西方沖地震。同19年（２００７）10月29、30日に復興状況をご視察。
○同19年（２００７）7月16日、新潟県中越沖地震。8月8日に被災地をお見舞い。
○同23年（２０１１）3月11日、東日本大震災。※１６５〜１６６ページ参照。
○同23年（２０１１）3月12日、長野県北部地震。同24年（２０１２）7月19日に被災地のお見舞い。
○同25年（２０１３）10月16日、伊豆大島土砂災害。同26年（２０１４）2月28日に被災地のお見舞い。

亡き母の出身地もお見舞いいただく

○同26年（２０１４）2月14〜16日、関東甲信越地方大雪。11月20日に復興状況をご視察。
○同26年（２０１４）8月20日、広島市土砂災害。12月3日に被災地をお見舞い。
○同27年（２０１５）9月9〜11日、関東・東北豪雨。10月1日に茨城県の被災地をお見舞い。
○同28年（２０１６）4月14日、熊本地震。5月19日に被災地をお見舞い。
○同29年（２０１７）7月5、6日、九州北部豪雨。10月27〜30日に福岡県、大分県の被災地をお見舞い（全国豊かな海づくり大会も）。

○同30年（２０１８）６月28日〜７月８日、西日本豪雨。９月14日に岡山県、21日に愛媛県、広島県の被災地をお見舞い。
○同30年（２０１８）９月６日、北海道胆振《いぶり》東部地震。11月５日に被災地をお見舞い。

右記のうち私事で恐縮ながら、平成30年（２０１８）の西日本豪雨で被害にあった岡山県倉敷市の真備町《まびちょう》は、私の亡き母の出身地です。上皇陛下のお見舞いをいただいた当時は存命中だったので、本当に感激していた姿を今も思い出します。天皇陛下をお迎えする現地の人たちの気持ちが、少し身近に感じられました。さらに、去る令和６年（２０２４）５月に岡山県で全国植樹祭が開催された時に、天皇、皇后両陛下はわざわざ真備町まで、復興状況のご視察のためにお出ましくださいました（５月26日）。母が生きていればどれだけ喜んだことかと、私自身も感激しました。
上皇后陛下は、平成28年（２０１６）に熊本地震の被災地を見舞われたことについて、次のような御歌《みうた》を詠んでおられました。ご自身の個人的なためらいは振り切って、苦しみ悲しむ人々の傍らに立ってその声に耳を傾けようとされる上皇陛下のお気持ちにひたすら添おうとされる内心を、率直に吐露されています。

ためらひつつ　さあれども行く　傍らに
立たむと君の　ひたに思《おぼ》せば

白いキャンバスに描き上げる能動的な象徴天皇像とは？

憲法に列挙された国事行為は、すべて天皇が行われなければならない義務です。逆に言えば、それを果たせば「日本国の象徴」として何の不足もないはずです。

しかし、それだけでは国民との触れ合いはほとんどありません。それで本当に「国民統合の象徴」と言えるのか。国民統合の象徴であれば、国民としてのまとまりを支える役目があるはずだ、というのが上皇陛下のお考えであり、もちろん今の天皇陛下のお考えでもあります。

「国民統合の象徴」としての責務

天皇陛下はご即位後、最初のお誕生日に際しての記者会見（令和2年＝2020＝2月21日）で、以下のようにおっしゃっていました。

「日本国及び日本国民統合の象徴としての私の道は始まってまだ間もないですが、たくさんの方々からいただいた祝福の気持ちを糧に、上皇陛下のこれまでの歩みに深く思いを致し、また、歴代天皇のなさりようを心にとどめ、研鑽《けんさん》を積み、常に国民を思い、国民に寄り添いながら、象徴としての責務を果たすべくなお一層努めてまいりたく思っております」

国民統合の象徴たるべく努めよ、という憲法の要請を明確に自覚されたご発言でしょう。

しかし、具体的に何をなすべきかは、憲法はまったく述べていません。というより、「国民統合」

というのはダイナミックに流動する〝状態概念〟ですから、スタティックな統治組織にかかわる国事行為のように、あらかじめ列挙することが、もともとできないのです。

ですから国民統合の象徴としてのご活動の中身は、時代に応じ、社会状態に応じ、それぞれの局面に応じて、天皇ご本人が真っ白なキャンバスに絵を描くように、自らのお気持ちと創意工夫によって創り上げていくしかないのです。

この地に心を寄せ続けていく

上皇陛下は「国民統合の象徴」としての責務を果たすべく、実際にキャンバスにどのような〝象徴天皇像〟を描いてこられたでしょうか。その公的なご活動の実例を、もう少し挙げてみましょう。

ひとつは、さまざま事情から政治的に分断されがちな沖縄の人たちとの、心の融和でしょう。昭和戦後しばらくの時期は、天皇、皇室は戦争の原因であり、戦争責任があるという論調をしばしば見かけました。とくに沖縄は地上戦が戦われ、県民に多くの犠牲者が出ました。そのため、反天皇、反皇室の風潮がしばらく強く残っていました。

それを象徴したのが「ひめゆりの塔事件」(昭和50年＝1975＝7月17日)でしょう。上皇陛下がまだ皇太子だった昭和50年(1975)7月に、初めて沖縄を訪れられました。南部戦跡の「ひめゆりの塔」に拝礼された後に、近くの洞窟に潜んでいた過激派から火炎ビンを投げつけられる、という事件が起こりました。あやうく大惨事になる場面でした。

しかし、動じられることなく、案内役だったひめゆり部隊の生き残りの源ゆき子さんの安否を、まっさきに気づかわれました。さらに、その後もまったく予定を変更することなく、戦没者を慰霊するための巡拝を続けられました。そのうえ、当日の夜に予定になかった談話を発表されました。

「(沖縄で)払われた多くの尊い犠牲は、一時の行為や言葉によってあがなえるものではなく、人々が長い年月をかけて、これを記憶し、一人ひとり、深い内省のうちにあって、この地に心を寄せ続けていくことをおいて考えられません」

上皇陛下は、ここで述べられたご自身のおことば通り、「長い年月をかけて……この地に心を寄せ続けて」こられました。これ以降、皇太子時代、天皇時代を合わせると11回も沖縄にお出ましになられました。

沖縄の人々が両陛下を日の丸の小旗で迎える

具体的には以下の通りです。

◎皇太子時代

① 昭和50年(1975)7月17〜19日。沖縄海洋博覧会の開会式へ。

② 同51年(1976)1月17、18日。同海洋博閉会式へ。

③ 同58年(1983)7月12、13日。献血運動推進全国大会のために。

④　同62年（１９８７）10月24、25日。国民体育大会に昭和天皇のご名代として。
⑤　同62年（１９８７）11月12〜15日。全国身体障がい者スポーツ大会のために。

◎天皇時代
⑥　平成5年（１９９３）4月23〜26日。全国植樹祭のために。
⑦　同7年（１９９５）8月2日。戦後50年「慰霊の旅」の一環として。
⑧　同16年（２００４）1月23〜26日。国立劇場おきなわ開場記念公演へ。
⑨　同24年（２０１２）11月17〜20日。全国豊かな海づくり大会のために。
⑩　同26年（２０１４）6月26、27日。対馬丸《つしままる》事件70年。
⑪　同30年（２０１８）3月27〜29日。与那国島《よなぐにじま》ご訪問。

これらのうち、たとえば⑥の天皇として最初に訪れられた全国植樹祭の時には、普通の植樹祭では見られない光景が展開しました。それは地元の人たちが自分たちであらかじめ日の丸の小旗を用意して、上皇、上皇后両陛下がお出ましになった場面で、一斉にその小旗が振られたのです。もちろん、両陛下に対する歓迎の気持ちを表れでした。

上皇陛下が皇太子時代から長年にわたり、沖縄に寄せ続けてこられたお気持ちが、現地の人たちにもしっかりと受け止められている事実が、目に見える形で明らかになった瞬間でした。

上皇陛下は、天皇として迎えられた最後の記者会見（平成30年＝2018＝12月20日）でも、沖縄についてとくに次のように触れておられました。

「沖縄は、先の大戦を含め実に長い苦難の歴史をたどってきました。皇太子時代を含め、私は皇后と共に11回訪問を重ね、その歴史や文化を理解するよう努めてきました。沖縄の人々が耐え続けた犠牲に心を寄せていくとの私どもの思いは、これからも変わることはありません」

すべての元ハンセン病患者の人々を訪れる

また、国の間違った判断のせいで、長年にわたって厳しい差別と偏見に苦しんできた元ハンセン病患者の人たちへのご配慮も、見逃せません。

ハンセン病は癩菌《らいきん》の感染によって起こる慢性の感染症ですが、伝染力は極めて弱い。かつては「らい病」と呼ばれ、不治の遺伝性疾患と誤解されていました。わが国では明治40年（1907）から平成8年（1996）まで、患者に対する非人道的な「隔離」政策がとられ続けていました。

そうした中で、大正天皇の皇后だった貞明《ていめい》皇后が、ご自身のお誕生日の6月25日を「ハンセン病予防の日」とされ、「癩予防協会」設立のための資金を下賜《かし》されていた事実があります。現在はその6月25日を含む1週間が「ハンセン病を正しく理解する週間」とされています。

上皇陛下は昭和43年（1968）から平成26年（2014）にかけて、国内に14カ所あるすべての療養所に入所している人たちと直接お会いになり、お声をかけ、手をにぎられて、これまでの苦しみをねぎらってこられました（１６６ページ参照）。

元ハンセン病患者は日本国内にあって、おそらく最も苛酷な迫害に遭われてきた人たちです。そのような人たちが、社会から切り捨てられ、はじき出されるようなことがあってはならない。「国民という共同性」の中に包摂され、しっかりと居場所が確保されなければならない。そのような強い使命感からのご行動だったでしょう。

ご訪問の場面を実際に取材した記者から聞いた話では、両陛下がおひとりおひとりに丁寧にお声をかけられる献身的なお姿と、優しくお声をかけていただいた元患者の人たちの喜びの様子を間近に拝見し、まさに皇室こそが果たせる大切な役割だと感じたと言います。

「象徴天皇であるべし」という憲法による要請

「象徴」は単なる心理上の事実なのか

憲法学者の中には、憲法が天皇を「象徴」と規定しているのは、単なる〝事実の記述〟にすぎないという意見があって、少しびっくりします。たとえばこんな意見です（長谷部恭男氏『憲法 第5版』平成23年刊）。

《具体的な何者かが、ある抽象的な存在の象徴であるか否かは、結局は、個々人がその具体的なものを抽象的な存在の象徴と考えるか否かという社会心理上の事実に依存している。……（中略）天皇が日本の象徴であるか否かは、多くの人々が天皇を見て日本のことを思い起こすか否かという事実に依存している……（中略）象徴たる地位が「日本国民の総意に基く」（憲法1条）は、その限りで、当然の事柄を述べているにすぎない。これ以上に、憲法が「天皇を日本国の象徴と考えよ」と人々に命じているとすれば、それはナンセンスな命令である。思想、良心の自由を保障する憲法19条を持ち出すまでもなく、法は人の内心に及びえない》

失礼ながら、これはいささか的外れな意見ではないでしょうか。そもそも憲法は法規範であって、その規定は当然、規範としての要請と受け取るしかないでしょう。

天皇は日本国の象徴であり、日本国民統合の象徴である〝べし〟、ということです。

まずは、天皇ご自身が象徴にふさわしく〝振る舞われるべきである〟という要請です。「日本国の象徴」だけなら国事行為だけをやっていればよいが、「日本国民統合の象徴」であるためなら全身全霊で国民に寄り添うべく努めなければならない。それが上皇陛下のご行動を支えていた信念でしたし、今の天皇陛下に受け継がれたご自覚です。

事実ではなく「象徴たるべし」という要請

天皇は、憲法の明文（第4条第1項）で否定されている「国政」に関与されないだけではありません。特定の企業や団体、商品などを強く応援したり、非難したりするようなご発言も、あえてなさいません。それは「象徴であるべき」ご自身の立場にふさわしくない、というお考えからでしょう。これも憲法の〝かくあるべし〟という要請を自覚されていればこそでしょう。

次に、内閣や国会などの統治組織も、天皇、皇室を政治的に利用する振る舞いは、徹底的に控えるべきであり、それを逸脱するようなことがあると厳しく批判を受けます。それが統治組織に対する「天皇は象徴にふさわしく待遇すべし」という憲法の要請だからです。天皇という地位に対して、国民は象徴であるにふさわしく敬意をもって待遇し、その尊厳を汚してはならない、という要請も含まれるという意見もあります（美濃部達吉《みのべたつきち》『日本国憲法原論』昭和23年）。

象徴規定が単なる事実の記述ならば、右記のような要請はいっさい出てくる余地がありません。そもそも、「多くの人々が天皇を見て日本のことを思い起こす」というような「社会心理上の事実」

なんて、本当に存在するでしょうか。事実はむしろ千差万別ではありませんか。

天皇陛下のお姿を拝見して「平和」を思い起こす人だっているでしょう。「歴史」を思い起こすかもしれません。「仲の良い家族」とか、「災害からの立ち直り」などを連想したり、天皇陛下が皇太子時代から取り組んでこられた「水の問題」を思い浮かべる人がいてもおかしくないでしょう。

あるいは、ひとりの人間でも「天皇を見て」何を「思い起こす」かは、その人がおかれているその時々の状況によって、変わってくる可能性もあります。地元の全国植樹祭にお出ましになった天皇陛下をお迎えした後とか、知り合いが災害に遭って陛下のお見舞いをいただいた体験を聞いた後とか、その時々で「思い起こす」内容が違っていても、別に不自然ではないでしょう。

「象徴」の役割にふさわしく行動し待遇も受ける

そう考えると、「多くの人々が天皇を見て日本のことを思い起こす」というのは、失礼ながらいつも憲法の条文ばかり読んでいる憲法学者が抱く、幻想ではないでしょうか。

先に紹介した憲法学者の木村草太氏も「象徴」規定を「事実命題」と断定しています（大澤真幸氏との共著『むずかしい天皇制』令和3年）。

《普通の法文は、内心の動きではなく、外面的な行動を導きます。……（中略）行動は強制できても、個々人の内心は強制できませんから、憲法第1条に限っては、事実命題と解釈せざるを得ない……（中略）よくよく考えてみれば、「天皇は日本の象徴だ」と人々が考えているとしたら、それは憲法第1条にそう書いてあるからではなく、歴史や天皇のふるまいなどから、人々が天皇に象徴性を感じているからだ、という話にならざるを得ないのではないでしょうか》

先にも述べたように、象徴規定は「内心の動きではなく、外面的な行動」に対する要請でした。天皇ご自身がどう振る舞われるか、統治組織がいかに象徴にふさわしく待遇するか。どれも「内心」への「強制」ではなく、「外面的な行動」へ規範の提示（当為命題）です。

この点について、同じく憲法学者でも「規範的な意味」をきちんと指摘する声が聞こえます。京都大学名誉教授の佐藤幸治氏の指摘です（『日本国憲法論』平成23年）。

《ここで『象徴』とされるのは、国旗などと違って人格であるため、その地位にある者に対して象徴的役割にふさわしく行動をとることの要請を随伴するものとみなければならず、また、そのような役割にふさわしい待遇がなされなければならないという規範的意味が存することも否定できないだろう》

やはり単なる事実命題ではなく、〝かくあるべし〟という規範的な要請を示していると理解しなければならないでしょう。憲法は、天皇を漠然と「日本の象徴」としているのではなく、「日本国の象徴」と「日本国民統合の象徴」に区別して規定しています。そもそも「多くの人々が天皇を見て」、「日本国」と「日本国民統合」を〝別々に〟「思い起こす」なんて奇妙なことは、「社会心理上の事実」として、それこそ日頃から憲法の条文を熟読し暗記している憲法学者などを除き、ほぼ100パーセントありえないでしょう。

天皇誕生日に見た不思議な光景

皇室は国民の叡智と意志がよりよい方向に向かうように祈る

かつて上皇后陛下ご自身が、皇室の存在意義について言及されたことがありました（平成7年＝1995＝のお誕生日に際しての文書回答）。

「人の一生と同じく、国の歴史にも喜びの時、苦しみの時があり、そのいずれの時にも国民と共にあることが、（上皇＝当時は天皇）陛下の御旨《みむね》であると思います。陛下が、こうした起伏のある国の過去と現在をお身に負われ、象徴としての日々を生きていらっしゃること、その日々の中で、絶えずご自身のあり方を顧みられつつ、国民の叡智《えいち》がよき判断を下し、国民の意志がよきことを志向するよう祈り続けていらっしゃることが、皇室存在の意義、役割を示しているのではないかと考えます」

少し長めの引用になりました。この中で、〝皇室の祈り〟とされるものの内実について述べておられるところが、とりわけ重要だと思います。

皇室が国民の幸せを祈ってくれているから、国民は受け身でそれに頼っていればよい、ということでは決してありません。そうではなくて、政治でも経済でも、国民こそがまさに当事者であり、責任を負わなければならない。まさに「国民主権」ですね。その当事者である国民の叡智、意志が少しでも〝よりよき方向〟を目指すように、ひたすら祈ってくださっている、というのです。

そして、そのような日々の祈りを背景として、災害その他、国民が苦しみ悲しんでいる場面では、はるばると国民の傍らにまでお出ましくださり、国民の声に耳を傾け「国民と共にある」お姿を示してくださいます。そのような皇室の無私なお姿そのものが、国民というまとまりを支え、さらに国民の「叡智」と「意志」をより高めてくださるのではないでしょうか。

私自身、それを実感した経験がありましたので、紹介します。

雨の中の天皇誕生日

それは令和6年（2024）2月23日の天皇誕生日での出来事です。

この時は正月に能登半島地震があったので、いったんは中止も検討されました。ですが、むしろ「現地にエールを送る」という願いをこめて、実施が決まりました。

天皇誕生日としては珍しく雨が降り続いていました。私は、普段は海外で生活している長女がたまたま日本に滞在中だったこともあり、娘とふたりで皇居の一般参賀に出かけました。

この日、天皇陛下をはじめ皇室の方々のお出ましが3回予定されているうち、2回目が午前11時頃という発表だったので、それをメドにしていました。天候が悪かったせいか、コロナ禍前の普段の状態に比べて参賀者が少なく、まばらな印象でした。それでも1回目は長蛇の列ができたようでした。ちなみに、この日の参賀者は1万5883人だったようです。

私たちが行った時は人の流れはスムーズでした。ボランティアの若者から日の丸の小旗を受け取り、天皇陛下のお出ましをお待ちすべく宮殿・東庭《とうてい》につきました。雨は降り続いています。すでに多くの人たちが集まっていました。私たちがいたのは人が集まっている中ほどより少し後ろぐらいの位置でした。雨が降り続いているので、集まった人々は私たち親子も含めて皆、傘をさしています。

娘から質問を受けました。

「傘をさしたままだと、天皇陛下やほかの皇族方のお顔が見にくいし、後ろの人にも迷惑だけど、残念ながら雨が止みそうな気配もないので、傘をこのままさし続ける？　それとも閉じる？」

と。私自身も判断に迷っていました。

はるばる地方から上京してきた人たちもいるはずです。でも傘が邪魔をして、皇室の方々のお姿が見えそうにありません。後ろからは残念がる声も聞こえてきます。

次々と傘が閉じられた不思議な光景

ところが、やがてお出ましの時刻が近づいたことを知らせる宮内庁職員の放送が行われると、思いもよらぬ光景が展開されました。誰からか指示を受けたわけでもないのに、雨が降り続く中でも、前のほうから次々と静かに傘が閉じられていきました。

それまで目の前を覆い尽くしていた傘の海が、サーッと潮が引くようにたちまち消え去ったのです。雨が止んだわけではありません。普通なら誰でも傘をさしたい降り方です。しかし、人々は雨に濡れながら、自発的に傘を閉じていきました。もちろん、私も娘も閉じました。これはまったく予想外の不思議な光景でした。

少なくとも私の視野がおよぶ範囲では、小さな子どもがオモチャのような傘をさし続けていたのを除き、傘がまったく見えなくなっていました。そのおかげで、皇室の方々がお出ましになる長和殿《ちょうわでん》のベランダを見上げる視野が、一挙に広がりました。

傘が見えなくなってから、皇室の方々がお出ましになりました。天皇、皇后両陛下、敬宮殿下、秋篠宮《あきしののみや》、同妃《どうひ》両殿下、佳子内親王《かこないしんのう》殿下です。

皆さまがお出ましになると、参賀に集まった国民は手に持った日の丸を振って、お祝いの気持ちを精一杯表しました。みんなが傘を閉じたために、人々の祝意に応えるためにわざわざお出ましくださった皇室の方々のお姿が、参賀者ひとりひとりの目にしっかりと焼きつけられたはずです。敬宮殿下のお手振りについて「春風のような初々しいお手振り」と表現した記者もいました（２０２４年2月24日『ＡＥＲＡ ｄｏｔ．』永井貴子氏）。

参賀者から「天皇陛下万歳」「お誕生日おめでとうございます」などの声があがったほか、「愛子《あいこ》さま〜」「皇太子さま〜」といった声もまじっていました。「皇太子さま」というのは、おそらく敬宮殿下のことでしょう。

人々の心の状態を高める天皇と皇室

昭和天皇のご葬列を見送った時も傘が閉じられた

私はまったく別の場面ながら、昭和天皇のご葬儀の時のことを思い出していました。おめでたいお誕生日と悲しいご葬儀では正反対なのですが、次のような場面を体験していたからです。

平成元年（1989）2月24日、この日、新宿御苑《しんじゅくぎょえん》で昭和天皇の「大喪《たいそう》の礼《れい》」が行われました。その後、お柩《ひつぎ》が八王子市にある武蔵陵墓地《むさしりょうぼち》に移されます。その車両によるご葬列を見送ろうと、雨が降り続く中でも多くの国民が沿道に並びました。『昭和天皇実録』（第18巻）によると36万6000人もの国民が沿道に詰めかけたようです。

私も青山通り近くで、悲しい気持ちをかかえて、たたずんでいました。すると、左手方向からお柩を乗せたお車が近づくにつれて、この時も誰に言われたわけでもないのに、皆がそれまでさしていた傘を次々と閉じ始めました。お車が通りすぎる時には、誰もが雨に濡れながら、こうべを垂れてお見送りしたのでした。

この時、人々はお柩に納まる昭和天皇への深い追悼と敬意から、傘をさしたままお見送りすることは失礼で申し訳ない、という気持ちを抱いたのだと思います。

では、令和6年（2024）の天皇誕生日に参賀の皆さんが傘を閉じたのはなぜでしょうか。皇室の方々の視野から、自分たちの姿を傘で遮断してしまうことが、失礼に感じられたのかもしれません。また自分たちも、広い視野で皇室の方々を拝見したい、という気持ちもあったでしょう。さらに後ろの人たちへの配慮も、含まれていたかもしれません。

おそらく明確に整理はできていなくても、そうした気持ちがまじりあって、あの時の不思議な光景が現出されたのではないでしょうか。

なお仄聞《そくぶん》したところでは、ほかのお出ましの時にも同じような出来事があったようです。また後日、宮内庁から傘について何か遠回しにでも閉じるように指示を出した事実があるかを、念のために確認しましたが、もちろんそのような事実はありませんでした。

利他的・公共的な精神を体現し人々の心の状態を高める

改めて言うまでもなく、雨に濡れて参賀者が体調を崩したり、そのほか何か不都合が生じたりすることは、皇室の方々にもご心配をおかけすることになります。ですから、この種の出来事を過剰に美化することは控えたいのですが、私にとってあの時の光景は、何か日本の社会における皇室の役割の縮図のようにも感じられたので、ここに紹介しました。

あの時、あの場にいた人たちは、無意識のうちにでも、皇室の方々の前で、天皇陛下のお誕生日をお祝いするに〝ふさわしくない〟振る舞いはしたくない、と思ったのではないでしょうか。間もなく目の前にお姿を現される天皇陛下をはじめとする方々を想像すると、それらの方々のお気持ちにそぐわない自分たちでありたくない、という感覚にとらわれたのではないかと思います。

その結果、平然と傘をさし続けることに、何か説明できない後ろめたさのようなものを感じたのでしょうか。

人々の「叡智」や「意志」といっては少し大げさになりますが、とにかく心の状態が、普段より利他的・公共的という意味で確実に〝高まっていた〟のではないでしょうか。少なくとも、私自身とわが娘はそうだったと断言できます。何しろすぐ前まで進んで、傘を閉じようなんて殊勝な心がけは、ふたりともまるでなかったわけですから。

このような場面で、はしなくも可視化されたように、平素はほとんど自覚されていなくても、日本の社会の中に皇室が存在し、そのご活動を通じて利他的・公共的な精神を体現されることによって、人々の心の状態を少しでも高い方向に導き、あるいは残念な方向に転落しないように、下支えしてくださっているのではないでしょうか。

もちろん、国民は自分自身の力（叡智と意志）で自らを高めるのが本来です。先ほどの上皇后陛下のおことばでも、それを述べておられました。しかし、それを少しでも後押ししてくれる存在＝皇室があるということは、心強いことではないでしょうか。

162ページで触れたように、民主主義が《人びとが国家権力に参加すること》ならば、権力に参加する〝人びと〟の水準によって、その民主主義の水準も決定するはずです。

世襲の核心は精神の継承

皇位の世襲とは何か

憲法は、〝世襲の天皇〟が存在することで、国民主権の土台となる「国民という共同性」が成り立ち、維持されることを、期待しています。その皇位の「世襲」とは男系・女系、男性・女性をすべて含みます。それらをすべて包みこんだ天皇のご血統＝「皇統《こうとう》」による継承という意味です。それがこれまでの政府見解であり、学界の通説です。

歴史を振り返っても、今上《きんじょう》陛下に至るすべての天皇は欽明《きんめい》天皇の血筋につながっていますが、その欽明天皇の血筋の正統性は、はるかな傍系だった継体《けいたい》天皇ではなく、それまでの直系を受け継ぐ手白香皇女《たしらかのひめみこ》の血統（＝女系）に基づくものでした。〝入りムコ〟型の皇位継承といわれるゆえんです。

この点について、皇室ご自身の受け取り方も皇統＝男系という狭い見方ではないという事実に、目を向けておく必要があるのでしょう。とくに興味深かったのは、平成17年（2005）の上皇陛下のお誕生日に際しての記者会見でのやり取りでした（平成17年＝2005＝12月19日）。

じつはこの記者会見の少し前に、当時の小泉純一郎内閣にもうけられた「皇室典範に関する有識者会議」が報告書を提出していました。この有識者会議のヒアリングには、8人の外部専門家のひとりとして私も招かれ、「女性天皇、女系天皇を認める皇室典範の改正が必要」との意見を述べました。その報告書の結論は以下の通りでした。

《我が国の将来を考えると、皇位の安定的な継承を維持するためには、女性天皇、女系天皇への途《みち》を開くことが不可欠であり、広範な国民の賛同を得られるとの認識で一致するに至ったものである》

これは秋篠宮家のご長男、悠仁親王《ひさひとしんのう》殿下がお生まれになる前の結論ですが、その時点で「今後、皇室に男子がご誕生になることも含め」て検討したすえの判断でした。実際に、悠仁殿下がお生まれになっても、皇室の危機が何ら根本的に解決していないことは、目の前の現実が示しています。

女性天皇、女系天皇を容認しても皇室の伝統の「一大転換」ではない

記者はこの報告書の結論を受けて、次のように質問しました。

「皇室典範に関する有識者会議が、『女性天皇、女系天皇』容認の方針を打ち出しました。実現すれば皇室の伝統の一大転換となります。陛下は……（中略）皇室の伝統とその将来についてどのようにお考えになっているかお聞かせください」――。この質問の前提は、「皇室の伝統」＝男系男子限定、女性天皇、女系天皇容認＝「皇室の伝統の一大転換」という強烈な思い込みでした。ところが上皇陛下のお答えは、そうした固定観念を真正面から粉砕する内容でした。

「私の皇室に対する考え方は、天皇及び皇族は、国民と苦楽を共にすることに努め、国民の幸せを願いつつ務めを果たしていくことが、皇室のあり方として望ましいということであり、またこのあり方が皇室の伝統ではないかと考えているということです」

憲法上の制約により、皇室典範については政治にかかわるので「回答を控えようと思います」とされながら、かなり踏み込んだ本質的な答え方をされていました。記者の質問と照らし合わせると、お答えの本旨はほぼ誤解なく受け取ることができるはずです。

「世襲」で受け継ぐのは「国民と苦楽を共にする」精神

まずはっきりしているのは、『女性天皇、女系天皇』容認の方針」がつらぬかれたとしても、そんなことで「皇室の伝統の一大転換」なんかになったりしない、というお考えです。

上皇陛下にとって男系男子限定というルールはそもそも「皇室の伝統」ではなく、「天皇及び皇族は、国民と苦楽を共にすることに努め、国民の幸せを願いつつ務めを果たしていく」ことこそが「皇室の伝統」である、とおっしゃっているのです。かなり率直なご発言ではないでしょうか。

そもそも、皇位はなぜ世襲でなければならないのでしょうか。このおことばに導かれて考えると、「国民と苦楽を共にする」という高貴な精神が皇統という血脈にそって受け継がれるべきだから、にほかならないでしょう。男性天皇であれ女性天皇であれ、男系天皇であれ女系天皇であれ、この精神が受け継がれるならば「皇室の伝統」は守られるし、逆にこの精神が受け継がれないならば「皇室の伝統」は途絶えてしまう、というのが、このおことばが示す本質的な考え方でしょう。

つまり、先に述べた皇位の世襲が男性・女性、男系・女系をすべて含んだ皇統による継承であるというのは、単に政府見解や学界の通説というだけにとどまらず、皇室ご自身のお考えであることが確認できると思います。これについて、見逃せない事実があります。それは今後の皇室典範の改正を通じて、ご本人が「女性天皇」として即位される可能性が取り沙汰されている敬宮殿下ご自身が、この時の上皇陛下のお答えから深く学ばれているという事実です。これは意外と気づかれていないようにも見えるので、少し紹介しておきます。

皇室の役目は困難な道を歩む人々に心を寄せること

先にも触れましたが、敬宮殿下は「日本赤十字社御就職に際しての文書回答」の中で、ご自身の〝皇室像〟を提示しておられます。

「私は、天皇皇后両陛下や上皇上皇后両陛下を始め、皇室の皆様が、国民に寄り添われながら御公務に取り組んでいらっしゃるお姿をこれまでおそばで拝見しながら、皇室の役目の基本は『国民と苦楽を共にしながら務めを果たす』ことであり、それはすなわち『困難な道を歩まれている方々に心を寄せる』ことでもあると認識するに至りました」

ここで敬宮殿下が言及しておられる皇室の役目の基本が「国民と苦楽を共にしながら務めを果たす」というのは、まさに上皇陛下が先の記者会見でお述べになった皇室の「望ましい」あり方であり、「皇室の伝統」そのものでしょう。このことから敬宮殿下は、女性天皇、女系天皇も直接に話題となった、先の記者会見でのやり取りをご自身で咀嚼《そしゃく》されていることが分かります。そのうえで、その「皇室の伝統」を自ら積極的に背負おうとされていることも伝わります。そうであれば、もしも敬宮殿下が女性天皇として即位されても、皇室ご自身のお考えに照らして「皇室の伝統」をいささかも損なうものでないことは、明らかでしょう。

じつは、上皇陛下ご自身がひそかに敬宮殿下が将来、即位されることを願っておられることが、漏れ伝わっています。ことがらの性質上、匿名の情報ながら次の通りです（奥野修司氏『天皇の憂鬱』平成31年）。

《ある人物によると、天皇（上皇陛下）は「ゆくゆくは愛子（内親王）に天皇になってほしい。だけど、自分も長く元気ではいられないだろうから、早く議論を進めてほしい」とおっしゃったそうです》

愛子さまの使命感、責任感

これはおそらく、今の「男系男子」限定ルールでは皇位の継承がやがて行き詰まるのは火を見るよりも明らかなので、必ずルールの変更が避けられないというシビアなご認識が、背景にあるのでしょう。でもそれだけではないはずです。「皇室の伝統」である「国民と苦楽を共にする」という精神が先の世代にまで正しく受け継がれるためには、天皇、皇后両陛下の感化・薫陶のもとで育っておられる、直系の敬宮殿下が皇位を継承されることこそが最も望ましい、というお考えによるのではないでしょうか。そして実際に、敬宮殿下はそのような期待に立派に応えられる方に成長されました。ここでご紹介した文書回答でも、上皇陛下がお述べになった皇室の役目の基本を踏まえて、さらにご自身なりのもっと踏み込んだご表現も、付け加えておられます。「困難な道を歩まれている方々に心を寄せる」ことでもある、と。

ここからふたつのことがうかがえます。ひとつは、皇室の本質的な役割について、天皇、皇后両陛下、上皇、上皇后両陛下などから、前向きに学ぼうとされている積極的なご姿勢です。

それに加えて、あるいはそれと密接にかかわって、自らすすんで皇室の将来を担おうとされる使命感、責任感です。もしもそのような使命感、責任感がないならば、このようなご自身なりの〝独自な皇室像〟を導き出されるということは、想像しにくいのではないでしょうか。しかも、ここで敬宮殿下がお示しになっている皇室像は、まさにこれまでの「皇室の伝統」を踏まえつつ、これからの皇室にますます求められる役割を、みごとに言い当てておられるように感じます。

以前、上皇后陛下がお誕生日に際しての文書回答の中で、次のようにおっしゃったことがあります(平成6年＝1994)。

「皇室も時代と共に存在し、各時代、伝統を継承しつつも変化しつつ、今日に至っていると思います。……(中略)伝統がそれぞれの時代に息づいて存在し続けるよう、各時代の天皇が願われ、御《み》心《こころ》をくだいていらしたのではないでしょうか。きっと、どの時代にも新しい風があり、また、どの時代の新しい風も、それに先立つ時代なしには生まれ得なかったのではと感じています」

将来、わが国にしばらくぶりの女性天皇が現れ、敬宮殿下が天皇として国民の前にお姿を現された時こそ、皇室の爽やかな「新しい風」を人々は実感するのではないでしょうか。

●宮中の恒例祭祀

出典：宮内庁ホームページ「宮中祭祀／主要祭儀一覧」

○1月1日　四方拝（しほうはい）

＝早朝に天皇陛下が神嘉殿南庭で伊勢の神宮、山陵および四方の神々をご遙拝になる年中最初の行事

○1月1日　歳旦祭（さいたんさい）

＝早朝に三殿で行われる年始の祭典

○1月3日　元始祭（げんしさい）

＝年始にあたって皇位の大本と由来とを祝し、国家国民の繁栄を三殿で祈られる祭典

○1月4日　奏事始（そうじはじめ）

＝掌典長が年始に当たって、伊勢の神宮および宮中の祭事のことを天皇陛下に申し上げる行事

○1月7日　昭和天皇祭（しょうわてんのうさい）

＝昭和天皇の崩御相当日に皇霊殿で行われる祭典（陵所においても祭典がある。）夜は御神楽がある。

○1月30日　孝明天皇例祭（こうめいてんのうれいさい）

＝孝明天皇の崩御相当日に皇霊殿で行われる祭典（陵所においても祭典がある。）

○2月17日　祈年祭（きねんさい）

＝三殿で行われる年穀豊穣祈願の祭典

○2月23日　天長祭（てんちょうさい）

＝天皇陛下のお誕生日を祝して三殿で行われる祭典

○春分の日　春季皇霊祭（しゅんきこうれいさい）

＝春分の日に皇霊殿で行われるご先祖祭

○春分の日　春季神殿祭（しゅんきしんでんさい）

＝春分の日に神殿で行われる神恩感謝の祭典

○4月3日　神武天皇祭（じんむてんのうさい）

＝神武天皇の崩御相当日に皇霊殿で行われる祭典（陵所においても祭典がある。）

○4月3日　皇霊殿御神楽（こうれいでんみかぐら）

＝神武天皇祭の夜、特に御神楽を奉奏して神霊をなごめる祭典

○6月16日　香淳皇后例祭（こうじゅんこうごうれいさい）

＝香淳皇后の崩御相当日に皇霊殿で行われる祭典（陵所においても祭典がある。）

○6月30日　節折（よおり）

＝天皇陛下のために行われるお祓いの行事

○6月30日　大祓（おおはらい）

＝神嘉殿の前で、皇族をはじめ国民のために行われるお祓いの行事

○7月30日　明治天皇例祭（めいじてんのうれいさい）

＝明治天皇の崩御相当日に皇霊殿で行われる祭典（陵所においても祭典がある。）

○秋分の日　秋季皇霊祭（しゅうきこうれいさい）

＝秋分の日に皇霊殿で行われるご先祖祭

○秋分の日　秋季神殿祭（しゅうきしんでんさい）

＝秋分の日に神殿で行われる神恩感謝の祭典

○10月17日　神嘗祭（かんなめさい）

＝賢所に新穀をお供えになる神恩感謝の祭典。この朝天皇陛下は神嘉殿において伊勢の神宮をご遙拝になる。

○11月23日　新嘗祭（にいなめさい）

＝天皇陛下が、神嘉殿において新穀を皇祖はじめ神々にお供えになって、神恩を感謝された後、陛下自らもお召し上がりになる祭典。宮中恒例祭典の中の最も重要なもの。天皇陛下自らご栽培になった新穀もお供えになる。

○12月中旬　賢所御神楽（かしこどころみかぐら）

＝夕刻から賢所に御神楽を奉奏して神霊をなごめる祭典

○12月25日　大正天皇例祭（たいしょうてんのうれいさい）

＝大正天皇の崩御相当日に皇霊殿で行われる祭典（陵所においても祭典がある。）

○12月31日　節折（よおり）

＝天皇陛下のために行われるお祓いの行事

○12月31日　大祓（おおはらい）

＝神嘉殿の前で、皇族をはじめ国民のために行われるお祓いの行事

第6章

皇室典範はこう変える

私の改正案

憲法が皇位の世襲を要請しているので皇室典範の改正はどうしても必要

日本人にとって皇室はこれからますます大切な存在になる。皇室の存続、皇位の安定的な継承を願うならば、これまでの皇位継承ルールを変更するしかありません。そのことはすでに納得いただけたかと思います。

女性天皇、女系天皇を可能にする改正案とは？

変更しなければならない理由は山ほどあるのに、変えてはいけない理由はまったくありません。では具体的にはどのように変更すればよいのでしょうか。ポイントは簡単です。皇位継承資格の「男系男子」限定を解除して、女性天皇、女系天皇も可能にする。それだけです。

ただし、できるだけ早いタイミングで制度改正に踏み切らなければなりません。当事者の方々にとっては、未来が不確定な宙ぶらりんの状態が、延々と続くことになります。とくにご結婚を控えておられる場合、制度のあり方次第で人生が大きく左右されてしまいます。

内親王《ないしんのう》、女王《じょおう》殿下方がご結婚によりひとたび国民の仲間入りをされてしまえば、その後からどんな制度改正をしても、すべてあとの祭り。もはや手遅れです。また、悠仁親王《ひさひとしんのう》殿下のご結婚のハードルも、今のままなら極めて高いものになってしまいます。

なので、私なりに現実的、具体的な改正案をここに示して、政府、国会、メディア関係者などの検討を待ちたいと思います。皆さんで知恵を出し合って、以下に掲げる私の拙い改正案をはるかに越える、みごとなプランを練り上げてほしいと願っています。

まず、憲法を改正する必要はありません。むしろ憲法の「世襲」という至上命令に応えるためには、現在の皇室典範の改正が欠かせません。

皇室典範の目的は皇位継承と摂政のルール

そこで、そもそも皇室典範とはどのような法律なのか、あらかじめそのアウトラインを説明しましょう。まず、憲法はいくつかの事項を法律に委ねています。

その1は、世襲＝皇位継承の具体的なルール（第2条）。これは名指しで皇室典範に委ねています。その2は、天皇の国事行為の委任（第4条第2項）。これは「法律」に委ねています。具体的には「国事行為の臨時代行に関する法律」がそれにあたります。その3は、国事行為の全面的な代行にあたる摂政の設置について（第5条）。これも皇室典範に名指しで委ねています。以上です。

したがって皇室典範は、おもに①皇位の世襲継承と、②摂政の設置について、具体的なルールを定めることが目的の法律ということが分かります。

その事実を踏まえて、皇室典範はどのような構成内容になっているのでしょうか。

第1章から第5章までの短い法律です。でも中身はとても大切です。何しろ憲法上、唯一「主権の存する日本国民の総意に基く」（第1条）という最高の制度的な根拠を持つ、わが国で唯一の「日本国の象徴」「日本国民統合の象徴」である天皇の地位の継承（＝皇位継承）とその役割の代行（＝摂政）についての、根本規定なのですから。

側室を否定する「嫡出・嫡系」限定という縛り

第1章（第1条〜第4条）では「皇位継承」について定めます。

第2章（第5条〜第15条）は「皇族」について。

第3章（第16条〜第21条）は「摂政」に関する規定。

第4章（第22条〜第27条）には「成年」「敬称」など、さまざまな規定が盛り込まれています。

第5章（第28条〜第37条）は「皇室会議」について定めます。

それに附則がついています。


それぞれについて、もう少し立ち入って説明しましょう。

皇室典範第1章では、前にも触れたように、皇位継承資格を「皇統に属する男系の男子」（第1条）で、かつ現に「皇族」であられる方（第2条）に限っています。その皇族は嫡出子および嫡系子孫であることを条件とします（第6条）。ですから、これも継承資格の縛りということになります。

以上、5つの縛りです。

ところが、明治の皇室典範では側室制度を前提とした非嫡出子・非嫡系子孫も皇族のカテゴリーに加えていました。そのため、今の皇室典範を制定した当時は、それにあたる皇族方も現におられました。その方々に今の皇室典範のルールをそのままあてはめると、その方々は皇族の身分を失ってしまいます。

それを避けるために、附則として次のような内容を付け加えていました（第2項）。

「現在の皇族は、この法律による皇族とし、第6条の規定の適用については、これを嫡男系嫡出の者とする」

これによって、当時の非嫡出子・非嫡系子孫も皇族として扱われました。

しかし、昭和22年（1947）5月にこの典範が施行されてほどなく、同年10月にいわゆる「旧《きゅう》宮家《みやけ》」の方々は皇籍離脱《こうせきりだつ》を余儀なくされました。それらの方々にはこの附則の適用を受けたケースもありました。しかしその後、皇室に残られた方々には無縁の規定です。なので、現代の国民の多くにとってはこの附則の意味合いは理解しにくくなっているかもしれません。

ちなみに、旧宮家系子孫男性の養子縁組プランの対象になりそうな人たちは皆さん、非嫡系です。

皇位継承は直系優先の一方で原則として退位を認めないルール

皇位継承は「直系」を優先

それはともかく、皇位継承資格の次は、どのような順序で皇位を継承していくかを規定しています（第2条）。明らかな「直系」優先です。世襲ならば当然の原則です。天皇のお子さまが長子から順番に継承するルールです。

もし長子が早く亡くなられるなどの事情がある一方で、長子の孫がおられたら、次はそちらの順番になります。とにかく天皇のお子さま、お孫さまが優先されます。それらがすべておられない時だけ、天皇のご兄弟とその子孫が皇位を継承することになります。皇室典範の条文で第1項の、第1号～第5号まですべて天皇のお子さま、お孫さまの順番が規定されています。ご兄弟とその子孫はずっと後ろの第6号という位置づけです。今の秋篠宮《あきしののみや》殿下と悠仁殿下がそれにあたりますね。

そのうえで、天皇が亡くなられた場合だけ皇位継承が行われる、というルールでした（第4条）。前近代にはむしろ生前に譲位が行われることが「伝統」でした。戦国時代のように、天皇、朝廷の権威や経済力が衰えた局面では、譲位を行うだけの余力がなく、それが残念がられていました。

ところが、明治の皇室典範では終身在位がルール化されてしまいます。

皇室の歴史に照らすとかなり奇妙なルールです。しかし、皇室典範の制定にあたった伊藤博文《いとうひろぶみ》がそれにこだわったようです。今の典範もそれを無批判に踏襲しています。ところが、上皇陛下は、天皇が「国民統合の象徴」であるためには、国民に寄り添う実際の行動が大切であると考え、それを実践されました。

ご自身の負担も顧みられずに、すでに紹介したように、大規模災害の被災地を訪れて現地の人たちの苦しみ悲しみに耳を傾け、慰め励まされました。国内外の戦跡をめぐる「慰霊の旅」を繰り返し、平和への願いを国民とともに深められました。

退位はなぜ必要か?

そのような象徴としての公的なご活動は、天皇が高齢化し身体が衰えては、いつまでも続けられません。そのような時は、次の世代の若く壮健な天皇に皇位を譲って、天皇ご本人が「国民統合」の象徴としての役割を果たし続けることが大切だ、というお考えでした。

それをビデオメッセージとして発信されました(平成28年＝2016＝8月8日)。圧倒的多数の国民がこれに共鳴し、腰の重い政府・国会を動かして、「天皇の退位等に関する皇室典範特例法」が施行される結果につながりました。こうして、上皇陛下のご退位が実現しました(平成31年＝2019＝4月30日)。

しかし本来は、上皇陛下ご自身が願われたように、特例法でなく皇室典範の本則そのものを改正する、恒久制度であるべきでした。私自身も及ばずながら、この件ではわずかばかり尽力しました。

結局、政治の怠慢・不見識のせいで特例法での対処にとどまったことは、ひとりの国民として慚《ざん》愧《き》にたえません。

ただし特例法でも、①天皇のお気持ちを踏まえ（第1条）、②皇嗣《こうし》がすでに成年に達していれば（同条）、③皇室会議の関与のもとに（附則第1条第2項）、ご退位が可能になる「前例」が開かれたことの意義は、決して軽くないはずです（この①②③は政界の一部でご退位をめぐる「高森三要件」と呼ばれていたようです）。

これを恒久制度化する場合の皇室典範改正案については以前、私見を公表しました（拙著『天皇「生前退位」の真実』幻冬舎新書、平成28年）。

秋篠宮殿下は傍系の皇嗣という立場

皇室典範第2章では「皇族」の範囲を規定しています（第5条）。皇族は天皇のご一族です。ですから天皇ご自身は含まれません。誤解されがちなようですから、念のために付け加えておきます。ときおり週刊誌などに匿名の「宮内庁関係者」の談話が載ったりします。ところが、その談話の中で天皇も皇族の中に含めていたりすると、その人物が果たして〝本物の〟宮内庁関係者なのか、疑いたくなります。

具体的には、皇后（天皇の妻）、太皇太后《たいこうたいごう》（亡くなった2代前の天皇の妻）、皇太后《こうたいごう》（亡くなった先代の天皇の妻）、親王《しんのう》（天皇の子か孫の男性）、親王妃《ひ》（親王の妻）、内親王（天皇の子か孫の女性）、王（天皇のひ孫以下の子孫の男性）、王妃（王の妻）、女王（天皇のひ孫以下の子孫の女性）。さらに、先の特例法によって「上皇」（退位された天皇）と「上皇后《じょうこうごう》」（退位された天皇の妻）が加わりました。

上皇の身分については「天皇」の例による（特例法第3条第3項）。つまり皇族という位置づけではありません。一方、上皇后は「皇太后」の例による（特例法第4条第2項）。つまり皇族です。

これらの方々の中で、皇位継承順位が第1位の皇族＝皇嗣が天皇のお子さま（皇子《こうし》）ならば「皇太子」、皇太子が不在で皇嗣が天皇のお孫さま（皇孫《こうそん》）ならば「皇太孫《こうたいそん》」と呼ばれます（皇室典範第8条）。

今の秋篠宮殿下は皇位継承順位が第1位なので「皇嗣」でいらっしゃる。しかし、あくまでも〝傍系の皇嗣〟なので「皇太子」に類した称号（たとえば皇太弟《こうたいてい》）はお持ちではありません。

特例法の制定にあたり、ご自身がその種の称号を内々に辞退されたことが伝わっています。そのうえで、「秋篠宮」という傍系の宮家としての宮号《みやごう》は、引き続き保持されています。ここに、皇位継承に対する秋篠宮殿下ご自身の消極的なお考えが、かなり明確に示されていると受け止めるべきでしょう。第3条には、継承順序の変更についての規定があるので、即位の辞退も事実上はギリギリ可能と考えられます。

皇室の「聖域」性を守るために

皇族になれるのはご結婚だけによって

天皇や今のルールで皇位の継承資格をお持ちの男性皇族の場合、ご結婚によってお相手がもとは国民でも、新しく皇族の身分を取得されることになります。そのため、あらかじめ皇室会議の同意が必要になります（第10条）。

国民同士の結婚ならば、憲法第3章（国民の権利及び義務）の「婚姻は、両性の合意のみに基いて成立」（第24条第1項）が全面的に適用されるので、もちろん皇室会議も何も関係ありません。しかし、皇室の方々の場合は憲法第1章（天皇）が優先的に適用されるので、ご結婚にあたり皇室会議が関与しても、それは憲法違反にはなりません。

ちなみに皇室典範では制度上、皇后以外は離婚の可能性も想定されています。その場合、お相手の女性は皇族の身分を失います（第14条第3項）。

それから天皇も皇族も養子は認められません（第9条）。心情的・生命的な結合であるご婚姻による以外は、国民が皇族の身分を取得することはない、と規定されています（第15条）。その立法意図は何でしょうか。

《臣籍《しんせき》に降下《こうか》した者及びその子孫は、再び皇族となり、又新たに皇族の身分を取得することがない原則を明らかにしたものである。蓋《けだ》し、皇位継承資格の純粋性（君臣《くんしん》の別《べつ》）を保つためである》（法制局「皇室典範案に関する想定問答」）とされます。

したがって、すでに国民になった者やその子孫が、その血筋が「皇統に属する男系の男子」（たとえば旧宮家系）だからというだけの理由で、これまで禁止されてきた養子縁組という法的手続きで「新たに皇族の身分を取得する」ことは、皇室典範第15条のそもそもの立法意図に照らすと、とても許容できません。

皇位継承資格を持つのは、皇室に生まれ育ち、〝現に皇族である方に限る〟という「皇位継承資格の純粋性（君臣の別）」をないがしろにする暴挙（！）という結論になるでしょう。

家族は同じ身分であるべき

国民が皇族の身分を与えられるのは、皇位継承資格を持つ皇族との結婚を介してだけ、という原則はくれぐれもゆるがせにしてはならないでしょう。皇位継承資格者が内親王、女王にも広げられた場合は、どうか。改めて言うまでもなく、同じ原則によって、その配偶者も皇族とされなければなりません。当たり前ですね。

今のルールのままだと、内親王、女王方は皆さま皇族以外の男性と結婚されますので、ご結婚とともに皇族の身分から離れられることになります（第12条）。そうすると、これまでも指摘したように、やがて皇室には秋篠宮家のご長男、悠仁殿下〝おひと方だけ〟しか残らないことになってしまいます。

そうかといって、政府が提案している女性皇族だけが皇族の身分を保持し続ける一方、配偶者やお子さまが国民という、ご家族の中に「皇族と国民」が混在するという近代以降、前代未聞の家庭を作る制度も無理で無茶です。

天皇、摂政という地位の重さ

皇室典範第3章で扱う摂政は、「天皇の名でその国事に関する行為を行ふ」(憲法第5条)ことが規定されています。さらに見逃されがちですが、憲法には次のような規定もあります(第99条)。

「天皇又は摂政及び国務大臣、国会議員、裁判官その他の公務員は、この憲法を尊重し擁護する義務を負ふ」

ここで興味深いのは、〝国民の〟憲法尊重擁護義務に言及していない点です。もともと近代憲法は、〝統治する側〟に縛りをかけて、統治される国民の自由や権利を守ることに主眼があるとされています。その意味で、国民の尊重擁護義務に触れないのは、自然でしょう。

その観点から見ると、この条文が統治する側を「天皇又は摂政」と「国務大臣、国会議員、裁判官その他の公務員」というふたつのグループに分けて、その公務員グループより先に「天皇又は摂政」を筆頭に置いている事実は、注目に値するでしょう。

憲法は、その第1章に「天皇」に関連する条文を一括して優先的に配置しています。これは世界中の君主国の憲法の中でも異例の配列の仕方です。少し意外かもしれませんが、それだけ天皇という地位を重んじていると言えます。

そのような憲法全体の条文配列の仕方に対応して、この条文でも統治する側の中でも「天皇又は摂政」を最初に置いて、〝より〟重視していると見ることができます。

天皇はもちろんですが、その国事行為を全面的に代行する摂政も、憲法が予想する国家秩序の中で極めて重く位置づけられています。

多くの皇族は摂政に就任する可能性がある

その摂政がおかれるのは、天皇が未成年であるか、国事行為に直接たずさわることができない程度の「精神若《も》しくは身体の重患又は重大な事故」があった場合に限られています。とくに後者では、天皇ご本人がすでにご成年であられても、その意思に関係なく、もっぱら皇室会議の議決だけで摂政が設置される点は重要です（第16条第2項）。

これは、摂政が天皇ご自身に〝当事者能力〟が失われていることを前提とした制度であることを、意味しています。

上皇陛下が以前、ご高齢化を理由として、「国民統合の象徴」としての公的活動が健全に維持されるべきであるとの観点から、ご退位への希望をにじませられたことがありました。

その時に、保守系知識人の一部から摂政を立てて対応すればよい、との意見が出されたことがありました。これは、摂政という制度への無知による妄言と言うしかありません。頭脳明敏で責任感にあふれる上皇陛下に対して、非礼かつ不敬な暴論でした。

ここで注意すべきは、摂政に就任する可能性がある皇族の範囲の広さです。皇族方のうち、ご結婚によって皇族に加わられた親王妃、王妃を除くすべて方々が、男女の区別なく、摂政に就かれる可能性があります。したがって、皇室の方々の多くは常に天皇の代行者になられる可能性をかかえておられるということです。

その場合、天皇に準じたさまざまな制約や不自由さに、直面されるでしょう。妃殿下方も摂政に就任される可能性がある方の配偶者という立場です。今後、もし皇室の高齢化と皇族数の減少化に歯止めがかけられなかった場合、内親王や女王が摂政に就任される可能性は、もっと高くなるはずです。

つまり、内親王、女王方も制度上、摂政に就任され、国事行為として内閣総理大臣を任命されたり、国会を召集され、その開会式で天皇陛下のおことばを代読するような場面も、ありえるのです。それなのに配偶者やお子さまを一般国民に位置づけるという政府提案のプランは、あまりにも現実味を欠くのではないでしょうか。

皇族代表と三権の長が一堂に会する皇室会議

「陛下」と「殿下」の使い分け

皇室典範第4章にはさまざまな規定があります。まず、天皇、皇太子、皇太孫の成年を18歳とします（第22条）。でも今は民法が改正されて、一般の国民も成人年齢が18歳に変更されました（民法第4条、令和4年＝2022＝4月1日より）。なので、実質的には意味のない条文になっています。それでも、皇室典範は「天皇、皇太子、皇太孫」を皇室の中でも特別扱いしていることが分かります。天皇が別格なのは当たり前ですが、傍系の「皇嗣」と直系の皇太子、皇太孫の区別は見逃せないでしょう。傍系の皇嗣にはこのような特別扱いはなかったのですから。

また、皇室の方々には特別な敬称が定められています（第23条）。天皇、皇后、太皇太后、皇太后の敬称は「陛下」です。特例法によって上皇、上皇后も同じく「陛下」とされました（第3条第2項、第4条第2項）。それ以外の皇族は「殿下」です。ただし、メディアでは天皇についてだけ「陛下」のようですね。皇后を含めて、ほかはすべて「さま」で統一しているように見えます。「天皇、皇后両陛下」と、天皇とセットで申し上げる時だけ、皇后にも陛下が使われているようです。そのために、近ごろは「殿下」という敬称に触れる機会はほとんどないのではないでしょうか。ちなみに本書は、おおむね皇室典範の敬称についての規定にしたがっているつもりです。ただし、その地位にいらっしゃる個別のご本人をさすのではなく、制度上、歴史上の一般的な存在として論じるときは、敬称をつけません。

皇室会議という特別な国家機関

そのほか、皇位の継承があれば「即位《そくい》の礼《れい》」を行うこと（第24条）、天皇が崩御《ほうぎょ》された時は「大《たい》喪《そう》の礼《れい》」を行うこと（第25条）が定められ、天皇、皇族の身分についての事項は、国民が戸籍に登録されるのとは区別して、「皇統譜《こうとうふ》」に登録されます（第26条）。

葬る場所も天皇、皇后、太皇太后、皇太后は「陵《りょう》」、その他の皇族は「墓《ぼ》」とし、これらに関する事項は陵籍《りょうせき》、墓籍《ぼせき》に登録します（第27条）。特例法によって上皇、上皇后は「陵」であり、陵籍に登録されます。これらも、国民とは明確に区別されています。いわゆる旧宮家系国民の場合は、もちろん戸籍に登録され、上記のような特別扱いは、いっさいありません。制度上の敬称も、当然ながらありません。

皇室典範第5章は、「皇室会議」についての規定を一括しています。皇室会議は特別な国家機関です。何しろ立法・行政・司法の三権の長が一堂に会する唯一の場です。さらに皇族の代表も加わられます。皇室典範の記載では、皇族の代表（2名）が筆頭に掲げられています。それから立法＝衆議院と参議院の正副議長（4名）、行政＝首相と宮内庁長官（2名）、司法＝最高裁判所の長官と判事（2名）、合わせて10名で構成されています（第28条）。議長は首相が務めます。この会議では、皇位継承順序の変更（第3条）、成年天皇への摂政の設置（第16条第2項）とその就任順序の変更（第18条）、廃止（第20条）などはとくに重要な案件なので、10名の議員の3分の2以上、それ以外のご結婚（第10条）、皇族身分からの離脱（第11条、第13条、第14条第2項）は過半数で議決する（第35条第1項）とされています。しかし、実際はこれまですべて全員一致でやってきたはずです。

上皇、上皇后両陛下は皇室会議の外

なお、特例法では上皇が皇位継承資格を持たないほかに、皇室会議のメンバーに加わられないことが決められています（第3条第4項）。それにプラスして、上皇后陛下が皇族の互選によっていったん議員に指名されながら、上皇陛下のご意思が反映すると誤解されないようにという理由から、辞退されています。一部から、皇室会議のメンバー構成の重厚さに注目して、皇室をめぐるさまざまな懸案を、この会議で検討してはどうかという意見も耳にします。しかし、同会議は「この法律（皇室典範）及び他の法律に基く権限のみを行う」（第37条）という制限があります。なので、新しい立法措置が必要です。しかも皇族の代表者も加わっておられるので、政治的案件はふさわしくないことも留意しなければなりません。

さて、皇室典範の全体像を簡単にながめてみました。必要な範囲で特例法などにも触れました。では、ここからがいよいよ本題です。皇位継承問題を解決するために、現在の皇室典範をどのように改正すればよいのか。具体的な改正案を示しながら解説しましょう。

「男系男子」を削除する

これが第1条の改正案

まず、皇室典範第1条の改正案は以下の通り。

○第1条　皇位は、皇統に属する〝子孫〟が、これを継承する。

現行条文はこうなっています。「皇位は、皇統に属する男系の男子が、これを継承する」――違いは明らかですね。憲法が要請する「世襲」には女系も女性も含まれます。

しかも、これまでに指摘してきたように一夫一婦制のもとで少子化が進んでいるのに、側室制度を前提とした「男系男子」限定という根拠なき縛りを維持することは、ほとんど自殺行為です。わざと「世襲」を行き詰まらせようとしているとしか思えません。憲法の要請に背くルールというべきでしょう。よって、それを削除しました。これによって女性天皇、女系天皇が可能になります。

このように第1条を改正すると、第2条を何ら変更しなくても、それだけで皇位継承の順序の第1位は「皇長子《こうちょうし》」＝天皇の長子なので、現在の皇室にあてはめると敬宮《としのみや》殿下になります。

皇位継承順位が第1位（皇嗣）でしかも天皇のお子さま（皇子）ですから、何もしなくても敬宮殿下が「皇太子」になられます。秋篠宮殿下はこれまでも傍系の皇嗣がそうであったように、直系の皇太子が現れた場合は、継承順位は第2位に回られます。するともはや第1位ではないので「皇嗣」ではなくなられます。しかし、それはもちろん皇位継承資格を失われることではありません。順位が第1位から第2位に移られるにすぎません。そこは誤解すべきではありません。

皇婿、内親王配、女王配

では、第2条はまったく改正しなくてよいのかといえば、そうではありません。

これまでの皇位継承資格を男子に限定した条文になっています。なので、内親王、女王にも皇位継承資格を認めた形に改める必要があります。

◯第2条　1　皇位は、左の順序により、皇族に、これを伝える。

一　皇長子　二　皇長孫《こうちょうそん》　三　その他の皇長子の子孫　四　皇次子《こうじし》及びその子孫　五　その他の皇子孫　六　皇兄弟《こうけいてい》〝姉妹〟及びその子孫　七　皇伯叔父〝母〟及びその子孫

同条の第2項、第3項は改正がないので省略します。次に改正が必要なのは第5条です。皇族の範囲です。これまでは内親王、女王が結婚されると皇族の身分を離れられたので、当然ながらその配偶者は皇族の範囲には入りませんでした。また政府の内親王、女王だけが皇族の身分というプランも無理すぎます。そこで、女性皇族の配偶者も皇族の範囲とする規定が必要です。

まず、男性天皇の配偶者が「皇后」と呼ばれたのに対応する女性天皇の配偶者を、仮に「皇婿《こうせい》」と呼ぶことにします。

また、男性皇族の配偶者である「親王妃」や「王妃」にあたる内親王、女王の配偶者について、仮に「内親王配《はい》」「女王配」とします。

男性天皇の配偶者とほかの男性皇族の配偶者の称号については、これまでしっかりと区別されています。皇〝后〟と親王〝妃〟・王〝妃〟という、「后」と「妃」のランクづけがなされています。

なので、それに対応して皇〝婿〟と内親王〝配〟・女王〝配〟という「婿」と「配」のランクづけを、とりあえず設けてみました。
○第5条　皇后、〝皇婿〟、太皇太后、〝太皇太婿《たいこうたいせい》〟、皇太后、〝皇太婿《こうたいせい》〟、親王、親王妃、内親王、〝内親王配〟、王、王妃、女王及び〝女王配〟を皇族とする。

嫡出・嫡系限定はそのままで

続いて、第6条も改正が必要です。これは天皇との血縁の遠さによって、「親王」「内親王」と「王」「女王」を区別する趣旨の条文です。でも〝男系〟限定を前提とした規定なので、次のように改正します。
○第6条　嫡出の皇子及び〝嫡系〟嫡出の皇孫は、男を親王、女を内親王とし、三世以下の〝嫡系〟嫡出の子孫は、男を王、女を女王とする。
皇室典範の用語法では、「皇子」という語は男女ともに含まれます。なので、原文に「嫡〝男〟系」とあった箇所を「嫡系」に改めるだけで対応可能です。

なお、「皇子」を〝おうじ〟と読むと、「天皇の息子＝男性」と受け取られがちなので、男女を含む皇室典範の用語法に配慮すると〝こうし〟と読むのがよいでしょう。

すでに述べたように、非嫡出子や非嫡系子孫にも皇位継承資格や皇族の身分を認める条文は、皇室における一夫一婦制をゆるがすので、当たり前ながら採用できません。

第7条は血縁の遠い「王」が即位した場合、その兄弟姉妹は新しく天皇になった方との血縁によって、称号がそれまで「王」「女王」だったのが、「親王」「内親王」に改まることを定めた条文です。第1条の改正によって、「王」だけでなく「女王」も即位されるケースが出てくるので、それをカバーできるように改正します。

○第7条　王〝又は女王〟が皇位を継承したときは、その兄弟姉妹たる王及び女王は、特にこれを親王及び内親王とする。

内親王、女王がご結婚後も皇族の身分のまま

女性皇族の結婚にも皇室会議

現行の第10条は、皇位継承資格が男子限定なのを前提として、男性天皇と男性皇族の配偶者だけが皇族の身分を取得するルールに見合った定めになっています。すなわち、それらの方々のご結婚の場合だけは皇室会議の同意を必要とする、という規定です。なので、これも改正が必要です。

○第10条　天皇並びに親王、内親王、王及び女王の婚姻は皇室会議の議を経ることを要する。

女性天皇や女性宮家に反対する人が時おり、こんなことを言っています。「女性天皇や女性宮家の当主になる方のご結婚相手が本当に皇室にふさわしいか不安がある」と。しかし、男性天皇や男性宮家の場合とまったく同じルールになります。それでも「不安」という人は、自分が無意識のうちに男尊女卑の感覚にとらわれている事実に、気づかないのでしょうか。

第11条第1項は、15歳以上の内親王、王、女王はご本人の「意思に基き」、皇室会議の同意のうえで、皇族の身分を離れることができる、という規定です。皇族が自らのご意思で皇籍離脱できるルールがあるなんて、少しびっくりする人がいるかもしれません。

皇室会議の同意についても、ご本人が皇籍離脱の「意思」を持っておられることが周知の事実になっていれば、よほどの事情がない限り、それを拒否するのは難しいのではないでしょうか。皇族

であり続けることを皇室会議が外から強制しているような構図の中で、国民が素直に皇室への敬愛の気持ちを持ち続けるのは至難ですから。

この規定は一面では、あるいは憲法の「世襲」要請と齟齬《そご》すると言えるかもしれません。皇位継承資格を持つ王も離脱できるのです。しかし、皇室の方々の人格の尊厳をギリギリの線で守る意味合いで、不可欠の条文ではないかと思います。

制度としてバランスを目指す

そんな条文の一部を削除するというのは、少し変な話かもしれません。しかし現在の条文では、親王だけを除外しています。それはなぜかと言えば、《天皇の最近親たる親王のみは……（中略）皇位継承に備へ且つ天皇の藩屏《はんぺい》（守護者）たらしめんとするにある》（前出「皇室典範案に関する想定問答」）という理由でした。そうであれば、内親王も第1条の改正によって皇位継承資格を持つ以上、天皇との血縁の近さは親王と同じなので、親王だけを除外して内親王は除外しないというルールは、バランスを欠くことになります。よって、次の改正案を用意しました。

○第11条第1項　年齢15年以上の王及び女王は、その意思に基き、皇室会議の議により、皇族の身分を離れる。

少しこまかい改正になりますが、同条の第2項も関連して変更が必要になります。これも同じく皇族の皇籍離脱についての規定ですが、こちらはほとんど見逃されているのではないかと思います。

しかし、前項に劣らずインパクトが強い条文です。と言うのも、皇室典範には「前項の場合の外」とあるからです。つまりご本人の意思によらない場合でも、「やむを得ない特別の事由があるときは」、皇室会議の議決によって皇族の身分を〝取り上げる〟ことができるという規定です。

やむを得ない特別な事由による皇籍離脱をめぐる条文

「やむを得ない特別の事由」とは何か。《懲戒に値する行為があつた場合その他皇族としてその地位を保持することを不適当とする事情をいふ。皇族の数を調節する必要が生じた場合またこれに当るであらう》（前出「皇室典範案に関する想定問答」）とされています。

畏れ多いですが、傍系の皇嗣も含めて「皇太子及び皇太孫を除く」ほかは、すべての皇族がその対象とされています。言い換えると、直系の皇太子、皇太孫はそれだけ特別扱いがされていることが、改めて分かります。そのため特例法では、皇嗣に対して第5条に「皇太子の例による」という規定を追加する必要がありました。では改正案を掲げます。

○第11条第2項　親王（皇太子及び皇太孫を除く。）、内親王（皇太子及び皇太孫を除く。）、王及び女王は、前項の場合の外、やむを得ない特別の事由があるときは、皇室会議の議により、皇族の身分を離れる。

第1条の改正によって、内親王が「皇太子」「皇太孫」というケースも普通にありえます。なので、前項とともにこうした条文になります。現実にあてはめると、第1条が改正されれば、敬宮殿下がまさに内親王として「皇太子」になられることになります。

次の改正は現行条文をまったく削除するという改正です。まるごと削除が必要なのは第12条です。

第12条はまるごと削除

現行条文は次の通りです。

「皇族女子は、天皇及び皇族以外の者と婚姻したときは、皇族の身分を離れる」

なぜ削除しなければならないか。改めて説明するにはおよばないでしょう。典範の改正で内親王も女王も、親王、王と同じく皇位継承資格を認められるようになります。そうであれば、親王、王が皇族以外の人と結婚された後も皇族の身分を保持し続けられるのと、同じにしなければならないからです。これまで、「皇室は女性にとってあらかじめ寿《ことぶき》退社（結婚による退社）が決められた残念な職場」という言い方もされていました。失礼な言い方と感じる人がいるかも知れませんが、女性皇族を軽視する現行のルールの問題点を、よく示しています。しかし同条の削除によって、女性皇族だけがご結婚とともに次々と皇室から離れられるというルールを、終わらせることができます。

このほか、皇族が皇籍離脱した時に、その妃やお子さまなどは、ほかの皇族とすでに結婚されている女性やそのお子さまなどを除いて、一緒に皇籍を離れるという規定があります（第13条）。これは「親王又は王」とある箇所を「親王若しくは王又は内親王若しくは女王」と改め、「妃」とある箇所を「配偶者」と改める必要があります。

「女性宮家」を創設する改正案

内親王、女王の配偶者は皇族であるべき

次に第15条も改正が必要です。今の条文は次の通り。

「皇族以外の者及びその子孫は、女子が皇后となる場合及び皇族男子と婚姻する場合を除いては、皇族となることがない」

先にも触れたように、《皇位継承資格の純粋性（君臣の別）を保つ》（前出「皇室典範案に関する想定問答」）ための条文です。皇室の「聖域」性を守るため、皇室と国民の区別をないがしろにしないための規定です。

かつて皇族だった人やその子孫も含めて（つまり旧宮家系子孫も含めて！）、皇族以外の者やその子孫は、「婚姻」という心情的・生命的な結合によるケースだけを除いて、「皇族となることがない」というルールです。しかし、この条文のままだと、内親王、女王方のご結婚相手が皇族になれません。家族はその一体性を大切にするためにも、同じ身分でなければなりません。

内親王、女王について、親王、王と同じように皇位継承資格を認める改正がなされる以上、ご結婚相手についても、親王、王の場合と同じ扱いに変更しなければなりません。これによって「女性宮家」が創設されます。そこで以下の条文になります。

○第15条　皇族以外の者及びその子孫は、天皇又は親王、内親王、王若しくは女王と婚姻する場合を除いては、皇族となることがない。

これによって、内親王、女王のご結婚相手も親王、王の場合と同じく、皇室会議の同意を得たうえで皇族の身分を取得されることになります。

以上の改正によって、男性天皇、男系天皇、男性宮家と同じように女性天皇、女系天皇、女性宮家がすべて可能になります。

テクニカルな関連改正

このあとは本当にテクニカルな改正ばかりです。なので簡単に条文を並べるだけにしましょう。

「摂政」に就任する順序についての規定。

○第17条　1　摂政は、左の順序により、成年に達した皇族が、これに就任する。

一　皇太子又は皇太孫　二　親王、〃内親王、王及び女王〃　三　皇后〃又は皇婿〃

四　皇太后〃又は皇太婿〃　五　太皇太后〃又は太皇太婿〃

現行条文には「皇婿」などがないほか、内親王、女王をこのあとの第六号に回していますが、もちろん親王、王と同じ第二号に繰り上げます。「敬称」についても以下の通り。

○第23条　1　天皇、皇后、〃皇婿〃、太皇太后、〃太皇太婿〃、皇太后、及び〃皇太婿〃の

敬称は、陛下とする。

さらに「陵墓」について。

○第27条　天皇、皇后、〝皇婿〟、太皇太后、〝太皇太婿〟、皇太后及び〝皇太婿〟を葬る所を陵、その他の皇族を葬る所を墓とし、陵及び墓に関する事項は、これを陵籍及び墓籍に登録する。

以上で、女性天皇、女系天皇を可能にするための皇室典範改正にかかわる全条文案を示しました。もちろん、以上の改正案が完全無欠だなどとは、思っていません。さらにブラッシュアップする余地は、大いにあるでしょう。ですが、ここに掲げた改正案については、法律に詳しい国会議員、プロの法律家、立法事務の専門家などと勉強会を重ねてきました。その成果を、できるだけ盛り込んだつもりです。

真に安定的な皇位継承を目指して皇室典範の抜本的な改正を議論する時に、ひとつの叩き台としての役目ぐらいは果たせるのではないかと、ひそかに自負しています。

エピローグ

愛子さまが天皇になるべき「5つの理由」

皇室の合意はすでに果たされている

元宮内庁長官の深刻な危機感

注目すべき記事を紹介します。毎日新聞がネット配信した記事（令和6年＝1994＝3月15日配信）の中で、福岡市で行われた羽毛田信吾元宮内庁長官の講演内容が紹介されていました（「毎日・世論フォーラム」毎日新聞社主催）。

羽毛田氏は講演の中で「(皇室制度の)改正に向かって具体的な動きを起こすことは待ったなしだ」と強い危機感を強調されたようです。そのうえで「皇室に女性がいなくなれば、女系に広げる選択肢はそもそもなくなる」と呼びかけたと言います。なぜこの記事に注目すべきかといえば、皇室に最も近くでお仕えした宮内庁長官経験者が、皇位継承問題に対する政治の取り組みが実際に進んでいる時期に、このように踏み込んだ発言をすることは、異例だからです。それほど、羽毛田氏の危機感は深刻だということでしょう。しかも羽毛田氏は平成時代に、上皇陛下、天皇陛下、秋篠宮《あきしののみや》殿下のお三方によるいわゆる〝三者会談〟がスタートした時点での長官です(平成24年＝2012＝春から開始)。その後、長官を離れていますが、退任後も長く天皇陛下のご相談にあたる宮内庁参与を務めていました。ですから、三者会談の内容については当然、承知すべき立場でした。

三者会談の最大のテーマは、皇位継承のあり方に対するお三方の基本的な合意を図ることだったと、拝察できます。その年の2月に上皇陛下が心臓の冠動脈バイパス手術を受けられ、皇室の行く末へのご懸念がより深まったと想像できるタイミングでした。当時は野田佳彦内閣による、皇室制度に関する有識者ヒアリングの取り組みも行われていました。

《三者会談は(上皇)陛下のご意向を察しられた皇后(今の上皇后《じょうこうごう》)陛下のご示唆があり、陛下が「それはいい」ということで始まった》と言います(羽毛田氏『文藝春秋』平成31年1月号)。御所《ごしょ》にお三方だけが集まられ、それに宮内庁長官も陪席するという形でした。

女系という選択肢も含まれている

もちろん、今の制度では皇室典範の改正は政府・国会が対処すべき政治案件であって、ご自身にかかわる法律であるにもかかわらず、皇室の方々は直接タッチできません。しかし、政治の場における検討のプロセスにあって、当事者である皇室の方々のご意向に配慮すべきことは、当然です。したがって、あらかじめ当事者としてお三方のお考えを調整しておかれることは、必要だったでしょう。そうであれば、この時の羽毛田氏の発言はお三方の合意事項を踏まえたものだった、と受け止めるのが自然ではないでしょうか。

ならば、「女系」という選択肢もお三方のお考えに含まれていると思われます。「皇室典範に関する有識者会議」の報告書にも、次のような指摘がありました（平成17年＝2005＝11月24日）。

《象徴天皇の制度は、国民の理解と支持なくしては成り立たない。このことを前提に……（中略）多角的に問題の分析をした結果、非嫡系継承の否定、我が国社会の少子化といった状況の中で……（中略）皇位の男系継承を安定的に維持することは極めて困難であり、皇位継承資格を女子や女系の皇族に拡大することが必要であるとの判断に達した》

皇室の方々におかれても、おそらくこの「判断」を共有しておられることと、拝察できます。この報告書が出されて以降、政府・国会においても、安定的な皇位継承を可能にする現実的、具体的な提案は、ほかには残念ながらいっさいなされていません。「皇室の伝統」に対する上皇陛下のお考え（191ページ～）に照らしても、ここで示された結論に賛成しておられると見るべきです。

愛子さまが天皇になるべき理由とは？

本書のしめくくりにあたり、これまでの議論を再整理する意味で、敬宮《としのみや》殿下が将来の天皇になられるべき理由について、簡単にまとめておきましょう。

その「1の理由」は、すでに繰り返し強調してきたように、「女性天皇」を排除している今の皇位継承ルールを維持していては、皇室そのものが存続できなくなる、ということです。

側室不在の「一夫一婦制」で、しかも〝少子化〟を食い止めることができない状況なのに、明治の皇室典範で初めて採用された「男系男子」限定という歴史上最も窮屈な縛りに、いつまでもしがみつくことはほとんど自殺行為と言わなければなりません。

だから皇室の存続を願うのであれば、そのような無理で無茶なルールを変更して、女性天皇、女系天皇を可能にする以外に、方法はないのです。

それでも古いルールにしがみつこうとすれば、いったいどうなるでしょうか。厳格であるべき皇室と国民の区別をあやふやにして、皇室の「聖域」性を損なう〝禁じ手〟のプランに逃げ込むしかなくなります。すでに国民になっているいわゆる旧宮家《きゅうみやけ》系子孫の男性を、「婚姻」という心情的、生命的な結合もなく養子縁組などの法的措置だけで、民間から皇族に迎え入れるというプランです。

これは万が一にも首尾よく（？）ことが運んだ場合、歴史上かつてない、〝国民出身〟の天皇を登場させることに道を開く愚挙です。広い意味では「皇統に属する男系の男子」であっても、歴史上の人物でいえばすでに臣下《しんか》になった平将門《たいらのまさかど》や足利尊氏《あしかがたかうじ》などを皇族に迎えて、その子孫が即位できるようにするに等しいでしょう。かの道鏡《どうきょう》も皇胤《こういん》（皇室の血を引く子孫）説がありました。もし道鏡が皇胤だったら、その子孫を天皇にしようというプランです。

逆立ちした考え方

もともとは皇室の血筋から分かれていても、親の代からすでに国民です。その子孫はもはや〝国民の血筋〟になっています。そうである以上、旧宮家系の天皇がもし将来に現れたら、そこで皇統は断絶し、国民の血筋による〝新しい王朝〟に交替します。

さらに、男系男子限定ルールのままであれば、やがて養子縁組の対象を旧宮家系子孫だけに限定することも限界にぶつかるでしょう。あるいは養親《ようしん》のなり手がいなくなれば、養子縁組という手順自体も限界に達するでしょう。そうすると、広い意味で「皇統に属する男系の男子」は旧宮家系のほかにも多く実在するので、次々と対象を広げて、しかも法律一本だけで皇族の身分を取得するという、乱暴このうえない最低な末路をたどることになりかねません。こうなると皇室と国民の区別も、皇室の「聖域」性も、ほとんど顧みられなくなってしまうはずです。

もともと「皇位の世襲」というのは、長年にわたって国民から信頼を集めてきた特定の血統＝〝厳密な意味での皇統〟によってのみ天皇の地位は受け継がれるべきだ、という考え方に立脚しているはずです。しかし、その基礎を掘り崩す暴挙でしょう。

もっとも、自ら養子縁組などで皇籍取得に同意する国民男性が実際に現れたり、それを受け入れて「養親」になられる皇族が出てこられたりする場面は、リアルには想像しにくいでしょう。幸い、机上の空論に終わる可能性が高いので、おそらく最悪の事態は避けられるでしょう。しかし、油断できない危ういプランであることは否定できません。

天皇陛下にすでにお子さまがいらっしゃるのに「女性だから」除外して、民間人の子孫でも「男性だから」天皇にするというプランは、皇室の尊厳を重んじる立場とは考え方が逆立ちしていませんか。そもそも旧宮家養子縁組プランなどで、「国民と苦楽を共にする」という高貴な精神が、果たして正しく受け継がれるのでしょうか。普通に考えて民間で生まれ育った人物に、そのような精神を期待するのは至難でしょう。それで、真の「皇室の伝統」は守られるのでしょうか。

国民統合の象徴に男性しかなれないルールはいびつ

また、このプランは国民平等の理念に反して、国民の中から特定の家柄・血筋＝門地《もんち》の人たちだけが、ほかの国民には禁止されている皇族との養子縁組による皇籍取得が認められるという、明確な〝差別〟を持ち込むことになります。

そうすると、皇室の方々のお気持ちとはかかわりのない政治の判断による方策ですが、国民からは皇室の存在があたかも国民の中に不平等を持ち込む元凶のように見えてしまいかねない、という問題があります。それは結果的に、国民の皇室への素直な敬愛の気持ちを損なうおそれがあるのではないでしょうか。

なお、敬宮殿下が将来、もし即位されても、それで皇位継承の安定化が約束されるわけではない、という意見を見かけました。しかし、これは順序が逆です。これまでの男系男子限定という無理なルールを止めて、皇位継承の安定化を可能にするルールを確立すれば、その結果として直系優先の原則により、敬宮殿下が次の天皇として即位されることになる、という順序です。したがって、愛子天皇の登場は間違いなく安定的な皇位継承の指標となります。

「2の理由」は、天皇という地位は「国民統合の象徴」である、ということです。代表するものと代表されるものの関係は同質です。それに対して、象徴するものとされるものの関係は異質である、という違いがあります。だから国民の代表ならば国民ですが、国民統合の象徴ならば〝国民ではない〟という関係になります。

しかし、そのように象徴する天皇、皇室と象徴される国民とが異質であっても、国民は男女によって構成されています。当たり前ながら国民の約半数は女性です。にもかかわらず、その半数を女性が占める国民の統合の象徴に〝男性しかなれない〟というルールは、いびつではありませんか。もちろん、男性天皇でも男女を含む国民の統合を象徴することはできます。実際にこれまではそうでした。昭和天皇も上皇陛下も今上《きんじょう》陛下も、皆さま男性です。しかし、それで象徴として何かが足りない、ということではありません。

しかし、個別の天皇の象徴性ということではなく、国民統合の象徴になれる方が男性だけに限られている〝ルール〟自体の妥当性には首をかしげます。やはり見直すべきではありませんか。

天皇に最も近い後継者がふさわしい

男女によって構成される国民統合の象徴から、あらかじめ女性だけが、ただ「女性だから」というだけの理由で排除される……というルールは、やがてそのルールを前提とした象徴という地位そのものの正当性（理にかなって正しい）にも、疑問を生じさせるのではないでしょうか。

そもそも男性天皇ならば国民統合の象徴になりえても、女性天皇では国民統合の象徴にはなりえないという、客観的な根拠があるのでしょうか。

天皇、皇后両陛下にお子さまがいらっしゃっても、そのお子さまが女性ならば国民統合の象徴にはなりえない、という理由がどこにあるのでしょうか。

天皇陛下のお子さまでも女性ならば国民統合の象徴になれないのに、民間に国民の子どもとして生まれ、たまたま養子縁組で皇族の仲間入りをしたら、もう「男性だから」国民統合の象徴にもなりえる。そんなルールは、果たして人々の納得を得ることができるでしょうか。

「3の理由」は、天皇の後継者はやはり天皇との血縁が最も近く、おそばで長年にわたり感化・薫陶を受けてきた方が最もふさわしい、ということです。世襲の核心は、単なる血筋の継承ではなく、〝精神の受け継ぎ〟です。今の皇室の中でも、「国民と苦楽を共にする」という精神を、敬宮殿下以上に天皇、皇后両陛下から身近に学んでこられた皇族が、ほかにおられるでしょうか。

敬宮殿下こそまさに正統な（最もふさわしい）後継者というほかないでしょう。

「国民の総意」を軽視すべきではない

「4の理由」は、天皇という地位は「国民の総意」に基づくべきだ、ということです。

もちろん、政治家のように人気投票によって左右される軽い立場ではありません。たとえば、私たちはこれまでに首相にふさわしい政治家として、マスメディアなどで取り沙汰されるさまざまな名前を見てきました。田中眞紀子氏、舛添要一氏、橋下徹氏など。そのような人気の移ろいははかないものです。天皇という重い立場はそれらとは区別しなければなりません。

しかし一方で、国民の気持ちをまるで無視してよいかといえば、それも違います。皇室自体も、これまでの各種の世論調査で長年にわたり、高い支持を集めてきました。瞬間最大風速的な支持とは明らかに異なります。女性天皇についても同様です。長年にわたりコンスタントに7割、8割、9割といった高い支持が集まっています（104ページ参照）。これをまったく無視してよいかといえば、そうではないでしょう。とくに近年の女性天皇への高い支持は、敬宮殿下への共感によるところが大きいでしょう。

もともと「天皇は男子」という考え方自体が、今の皇室典範が制定された当時の「国民感情」による、というのが政府の説明の仕方でした（昭和41年＝1966＝3月18日、衆院内閣委員会での関道雄・内閣法制局第一部長の答弁ほか）。いつまでも男尊女卑的な感覚にとらわれて、思考停止を続けているひと握りの人々への過剰な配慮から、圧倒的多数の国民の願いに背を向け続けていては、天皇、皇室を支える国民的な基盤を危うくする結果になりかねないでしょう。

ジェンダー平等という価値観

「5の理由」は、現代の普遍的な価値観です。さきに秋篠宮家が「ジェンダー平等」という価値観を大切にしておられる事実を紹介しました（140ページを参照）。このジェンダー平等は、まさに現代における普遍的な価値観ではないでしょうか。

長年の歳月の中で、多くの人々にゆるやかに受け入れられてきた男らしさ、女らしさを短絡的に否定するということではありません。与件としてある生物的な男女の性別とは区別される、文化的・社会的に形づくられた性差を根拠とした不当な差別はあってはならない、という考え方です。このジェンダー平等という理念に照らして、天皇陛下のお子さまが「女性だから」というだけの理由から、皇位継承資格を否定されるというルールは、とても支持できないのではないでしょうか。

もちろん天皇、皇室については、憲法が保障する「国民の権利」の枠外にあると考えられています。しかし、それはあくまでも「世襲制」「象徴制」という憲法が設けた制度上の要請のほうが、より優先されるという話です。やみくもに例外扱いが認められるということではありません。

天皇、皇室への〝別枠扱い〟について、憲法学者の佐藤幸治氏は次のように限界づけています。《それが世襲の象徴天皇制を維持するうえで最小限必要なもの（に限る）》（『日本国憲法論』前出）と。

ところが、皇位継承資格を男系男子に限定するというルールは、これまで述べてきたように、逆に憲法が設けた「世襲制」を至難にしてしまいます。さらに、先にも述べたように「象徴制」とも齟齬《そご》するおそれがあります。

そうであれば当然、ジェンダー平等という普遍的な価値観が優先されるべきでしょう。

以上、ここに掲げた5つの理由によって、次代の天皇が敬宮殿下であられるべきことに、疑問の余地はないでしょう。

高松宮妃殿下の女性天皇論

最後にふたつのエピソードを紹介します。そのひとつは敬宮殿下がお生まれになった時に、昭和天皇の弟宮《おとうとみや》でいらっしゃった高松宮《たかまつのみや》のお妃《きさき》でいらした喜久子《きくこ》殿下がお祝いの一文を公表された事実です（『婦人公論』平成14年1月22日号）。そこには次のような一節がありました。
《法律関係の責任者の間で慎重に検討して戴かなくてはならないのは、皇室典範の最初の条項を今後どうするかでしょう。女性皇族が第百二十七代の天皇さまとして御即位遊ばす場合のありえること、それを考えておくのは、長い日本の歴史に鑑みて決して不自然なことではないと存じます。古代の推古《すいこ》天皇、持統《じとう》天皇から江戸時代中期の後桜町《ごさくらまち》天皇まで、幾人もの女帝《じょてい》がいらっしゃいました。外国なら、英国のエリザベス朝、ヴィクトリア朝のように、女王《じょおう》のもとで国が富み栄えた例もたくさんございます》
これはもちろん、悠仁親王《ひさひとしんのう》殿下がお生まれになる前のご文章ですが、高松宮家という昭和天皇をお支えした傍系の宮家の妃《ひ》殿下ゆえに、直系の尊さは誰よりも理解されていたに違いありません。

ご誕生にあたり『日本書紀』から推古天皇の記事が読み上げられた

もうひとつのエピソードは、敬宮殿下が平成13年（2001）にお生まれになって7日目、ご命名がなされたのと同じ12月7日に行われた「読書《どくしょ》の儀」のことです（椎谷哲夫氏『敬宮愛子さまご誕生　宮中見聞記』）。

これは文官用の衣冠単姿《いかんひとえすがた》の学者が、漢籍か、わが国の古典の一節を3回繰り返して読み上げるという、奥ゆかしい儀式です。皇后陛下が入院された宮内庁病院の皇室専用室に隣接した、もうひとつの専用室が使われました。その部屋を白い幔幕《まんまく》でふたつに区切り、その片方の空間で邪気を払うという「鳴弦《めいげん》の儀」とともに行われました。もう一方の空間は「浴殿《よくでん》」に見立てられ、女官に抱かれたまだご命名前の敬宮殿下がおられました。この時に「読書」役をおおせつかったのは、当時、学習院大学の学長だった児玉幸多氏です。

多くの文献から選び抜いて当日、読み上げたのは『日本書紀』の一節でした。第22巻、わが国で最初の女性天皇だった推古天皇についての巻でした。そこから2カ所を選んで読み上げました。選んだ該当箇所は当然、あらかじめ天皇、皇后両陛下にお伝えしてあったはずです。

該当箇所を私なりの現代語訳で紹介します。

《推古天皇は欽明《きんめい》天皇の第2皇女《こうじょ》で、用明《ようめい》天皇の同母妹である。幼い頃は額田部皇女《ぬかたべのひめみこ》と申し上げた。お姿は端麗で、その振る舞いも決まりにかなって乱れがなかった》

《(推古天皇)20年(612)春正月7日に、推古天皇は朝廷の群臣に酒を振る舞って宴会を催された。この日に、大臣だった蘇我馬子《そがのうまこ》が酒杯を献じて歌を詠み、天皇を讃《たた》えた。「天皇がおこもりになる広大な宮殿、またお出ましになる高い御空《みそら》を見ると、(天皇のご威光の高く広大なさまが連想されて)千年も万年もこのように立派であってほしいものです。私どもは畏《かしこ》み崇《あが》めてお仕え申し上げましょう。この祝い歌を献上いたします」と》

児玉氏がどのような考えからこの部分を選ばれたのかは知りません。しかし、いかにも意味深長で、予言めいた選び方だったように思えてなりません。

いずれ敬宮殿下が推古天皇以来(あるいは天照大神《あまてらすおおみかみ》以来)の誇るべき伝統を回復され、女性天皇として即位されたあかつきには、私どもは晴れやかな「御空」の下で、どのような「祝い歌」を献上いたしましょうか。

著者紹介

高森 明勅 たかもり あきのり

皇室研究者、國學院大學講師。専攻は、神道学、日本古代史。1957年、岡山県倉敷市に生まれる。國學院大學文学部卒業後、同大学院博士課程単位取得。國學院大學日本文化研究所研究員、防衛省統合幕僚学校「歴史観・国家観」講座担当などを歴任。小泉純一郎内閣当時の「皇室典範に関する有識者会議」において8名の識者、皇室研究の専門家のひとりとしてヒアリングに応じる。近著には、『ビジュアル版　私たちが知らなかった天皇と皇室』（SBビジュアル新書）、『「女性天皇」の成立』（幻冬舎新書）などがある。「プレジデントオンライン」にて『高森明勅の「皇室ウォッチ」』を月1回連載中。

愛子《あいこ》さま 女性天皇《じょせいてんのう》への道《みち》

2024年11月26日　第1刷発行

著者　高森《たかもり》 明勅《あきのり》
発行者　出樋一親／篠木和久
編集発行　株式会社講談社ビーシー
〒112-0013 東京都文京区音羽1-18-10
電話　03-3943-6559（書籍出版部）
発売発行　株式会社講談社
〒112-8001 東京都文京区音羽2-12-21
電話 03-5395-5817（販売）／03-5395-3615（業務）
印刷所　株式会社KPSプロダクツ
製本所　牧製本印刷株式会社

KODANSHA

装丁本文デザイン　坂井正規（坂井デザイン事務所）
カバー写真　JMPA（日本雑誌協会代表撮影）
本文DTP　ニシ工芸株式会社
校閲　ケイズオフィス
編集　坂本貴志、沢田 浩（講談社ビーシー）

ISBN 978-4-06-537738-3　　©Akinori Takamori 2024, Printed in Japan
定価はカバーに表示してあります。